XRP EN ESPAÑOL

GUÍA PRÁCTICA PARA INVERTIR EN XRP Y RIPPLE PASO A PASO, PROTEGER TU DINERO Y TOMAR DECISIONES INTELIGENTES CON LAS CRIPTOMONEDAS

SEBASTIAN ANDRES

EDICIONES SA

ÍNDICE

XRP en Español

Publicado por:

Ediciones SA

Autor:

Sebastian Andres

frase de recuperación... estos errores son irreversibles. No hay banco al que llamar, no hay gestor que pueda deshacer la transacción. La tecnología blockchain es implacable con los descuidos.

Tienes miedo a comprar en el momento equivocado. Y tienes razón. XRP, como cualquier criptomoneda, tiene volatilidad. Puedes comprar hoy y ver tu inversión caer un 20% mañana. No porque hayas hecho algo mal, simplemente porque así funciona este mercado.

Tienes miedo a llegar tarde. A que todo el mundo ya haya ganado lo que había que ganar y tú solo estés llegando para pagar la cuenta. También es un miedo legítimo, porque efectivamente hay ciclos en este mercado, y no todos los momentos son iguales.

Entonces, ¿qué hacemos con estos miedos?

No los ignoramos. No los minimizamos. Los reconocemos, los entendemos, y los convertimos en un plan de acción. Porque tener miedo aquí no es debilidad, es inteligencia. Y la inteligencia, bien dirigida, se convierte en seguridad.

EL VERDADERO RIESGO NO ES XRP

Aquí viene la parte que puede sorprenderte: el verdadero riesgo al invertir en XRP no es XRP en sí mismo. No es la volatilidad del mercado. No es ni siquiera la regulación o la competencia.

El verdadero riesgo eres tú sin un sistema.

Más específicamente, el verdadero riesgo es:

No entender lo que estás comprando. Comprar algo solo porque "todo el mundo habla de ello" o porque alguien en internet te dijo que lo hicieras, sin entender qué es Ripple, qué hace XRP, cómo funciona, ni por qué tiene el valor que tiene. Eso no es inversión, es apuesta ciega.

Dejar tus fondos en lugares inseguros. Miles de personas han perdido sus criptomonedas no porque el mercado cayera, sino porque dejaron sus XRP en exchanges que cerraron, en wallets que no controlaban, o simplemente porque no protegieron bien sus claves de acceso.

Actuar sin estrategia. Comprar por impulso cuando el precio sube porque "no quiero quedarme fuera". Vender en pánico cuando baja porque "seguro va a cero". Cambiar de plan cada semana según lo que leas en redes sociales. Esto no es invertir, es reaccionar. Y reaccionar en un mercado volátil es la forma más rápida de perder dinero.

Seguir el hype. Las promesas de "XRP a 100 dólares en seis meses" o "esta es tu última oportunidad" son el combustible de las malas decisiones. El hype te empuja a actuar rápido, sin pensar, sin protegerte. El hype es el enemigo de la inversión inteligente.

¿Ves la diferencia?

La volatilidad de XRP es un riesgo de mercado. Es parte del juego. Cualquier activo con potencial de crecimiento tiene volatilidad. Eso es manejable si tienes perspectiva de largo plazo y solo inviertes dinero que puedes permitirte mantener.

Pero la ignorancia, la falta de protección, la ausencia de estrategia y el dejarse llevar por emociones... esos son riesgos que tú controlas. Y son los únicos que pueden arruinarte realmente.

Este libro existe para eliminar esos riesgos. Para que la única variable con la que tengas que lidiar sea el mercado mismo, no tus propios errores evitables.

ESTE LIBRO NO VENDE SECRETOS, VENDE UN SISTEMA

Seré brutalmente honesto contigo desde el principio: este libro no te va a revelar ningún secreto que te haga rico en tres meses. No hay estrategia mágica. No hay momento perfecto oculto que solo yo conozca. No hay atajo.

Lo que sí hay es un sistema. Un método claro, probado y replicable para invertir en XRP con seguridad y confianza.

Este libro es diferente de todo lo que has leído o visto sobre XRP hasta ahora porque no te vende predicciones, te vende preparación. No te promete resultados, te da las herramientas. No te genera ansiedad, te da tranquilidad.

El sistema que vamos a construir juntos tiene tres fases claras:

Fase 1: Comprensión Clara. Antes de poner un solo euro, vas a entender exactamente qué es XRP, cómo funciona, por qué existe, y cuál es su propuesta de valor real. No versiones simplificadas, no metáforas vacías. Comprensión real. Porque no puedes defender tu inversión si no entiendes en qué estás invirtiendo.

Fase 2: Compra y Protección Segura. Vas a aprender paso a paso cómo comprar XRP de forma segura, cómo elegir el exchange correcto para tu situación, cómo proteger tus fondos en una wallet, cómo hacer copias de seguridad que realmente funcionen, y cómo evitar las estafas más comunes. Cada paso con capturas, explicaciones claras y checklists que puedes seguir sin ansiedad.

Fase 3: Estrategia Inteligente a Largo Plazo. Vas a construir tu propia estrategia de inversión basada en tu perfil, tus objetivos y tu tolerancia al riesgo. Aprenderás cuánto invertir, cuándo hacerlo, cómo gestionar las emociones durante la volatilidad, y cuándo considerar tomar ganancias o reajustar. Sin dogmas, sin promesas vacías, solo decisiones informadas.

Al final de este libro, no serás un experto en blockchain ni un trader profesional. Pero serás algo mucho más valioso: serás un inversor seguro de sí mismo, con un plan claro y las herramientas necesarias para ejecutarlo sin miedo.

CÓMO USAR ESTE LIBRO

Este libro está diseñado para leerse en orden, de principio a fin. No es una colección de consejos sueltos que puedas leer al azar. Es una escalera donde cada peldaño sostiene al siguiente.

Cada capítulo construye sobre el anterior. Cada concepto se explica cuando necesitas entenderlo, no antes ni después. Las herramientas prácticas aparecen exactamente en el momento en que vas a usarlas.

Encontrarás:

Explicaciones claras sin jerga innecesaria. Cuando un término técnico sea inevitable, lo explicaré en español claro antes de usarlo.

Checklists y guías paso a paso. Para que nunca te sientas perdido o te preguntes "¿y ahora qué hago?"

Advertencias de seguridad destacadas. Los errores que podrían costarte dinero estarán claramente señalizados.

Planes de acción concretos. Al final de secciones clave, sabrás exactamente qué hacer a continuación.

Mi consejo: lee el libro completo una vez antes de hacer cualquier movimiento con dinero real. Entiende el panorama completo primero. Luego, cuando estés listo para actuar, vuelve a las secciones prácticas y síguelas paso a paso, con calma, sin prisa.

Piensa en este libro como el manual de construcción de tu fortaleza financiera en el mundo de las criptomonedas. No puedes construir el tejado antes que los cimientos. No puedes amueblar una casa que todavía no tiene paredes. Cada paso tiene su momento, y cada momento tiene su importancia.

EL ÚNICO REQUISITO: OLVIDA EL HYPE

Antes de seguir adelante, necesito pedirte algo. Es el único requisito para que este libro funcione de verdad para ti.

Olvida las promesas de precios absurdos.

Olvida los titulares sensacionalistas que dicen "XRP a 500 dólares confirmado".

Olvida los videos de YouTube donde gente grita frente a cámaras mientras muestra gráficos que supuestamente prueban que la fortuna está a la vuelta de la esquina.

Olvida "to the moon", "última oportunidad", "el tren está saliendo" y todas esas frases diseñadas para hacerte sentir urgencia y miedo a perderte algo.

No te estoy pidiendo que seas pesimista. Te estoy pidiendo que seas realista.

XRP puede tener valor a largo plazo. Puede crecer. Puede formar parte de una cartera diversificada inteligente. Pero todo eso se construye con tiempo, paciencia, estrategia y seguridad. No con esperanza ciega y adrenalina.

El hype es veneno para el inversor inteligente porque:

Te empuja a tomar decisiones rápidas sin pensar.

Te hace invertir más de lo que deberías porque "no quieres perdértelo".

Te genera expectativas irreales que te llevan a decepcionarte o entrar en pánico.

Te hace vulnerable a estafas, porque cuando estás emocionado, bajas la guardia.

Este libro opera bajo un conjunto de principios diferentes:

Realismo. Ni optimismo ciego ni pesimismo paralizante. Realismo frío sobre lo que es posible y lo que no lo es.

Estrategia. Cada decisión tiene un porqué. Cada paso responde a un plan, no a una emoción.

Largo plazo. Las inversiones serias en activos volátiles se miden en años, no en semanas.

Seguridad primero. Antes de pensar en ganancias, pensamos en no perder. La protección viene antes que la ambición.

Si puedes aceptar estos principios, si puedes leer este libro con la mente abierta pero sin las expectativas infladas por el ruido de internet, entonces estás preparado para lo que viene.

Si todavía buscas la emoción, el sueño de la riqueza rápida, la confirmación de que XRP te va a hacer millonario el año que viene... entonces este libro no es para ti, y está bien. Hay suficiente contenido en internet que te dirá lo que quieres oír. Yo prefiero decirte lo que necesitas saber.

ESTÁS LISTO PARA EMPEZAR

Hemos llegado al final de esta introducción, y si has leído hasta aquí, algo importante ha cambiado.

Has validado que tus miedos son reales y racionales, pero manejables.

Has entendido que el riesgo real no está en el mercado, sino en actuar sin preparación.

Has visto que este libro no es un atajo mágico, sino un sistema completo.

Has aceptado que la tranquilidad viene de la comprensión, y la comprensión viene de tomarse el tiempo necesario.

No estás solo en esto. Miles de personas antes que tú han pasado por este mismo camino, con los mismos miedos, las mismas dudas, las mismas preguntas. Muchos fracasaron porque actuaron sin sistema. Otros tuvieron éxito porque construyeron sus conocimientos paso a paso, protegieron sus inversiones con disciplina, y mantuvieron la cabeza fría cuando todo a su alrededor era caos y emoción.

La diferencia entre unos y otros no fue la suerte. Fue el método.

Y ahora ese método está en tus manos.

La confianza que buscas no aparece de golpe. Se construye. Ladrillo a ladrillo. Concepto a concepto. Decisión informada tras decisión informada. Cuando termines este libro, cuando hayas seguido el sistema completo, te mirarás al espejo y verás a alguien diferente. Alguien que sabe lo que está haciendo. Alguien que tiene un plan. Alguien que puede decir con tranquilidad: "Entiendo mi inversión, la he protegido correctamente, y sé por qué estoy aquí".

Ese momento llegará. Pero primero, tenemos trabajo que hacer.

Empecemos por los cimientos.

Pasa al Capítulo 1: Los Cimientos – Qué Es Realmente XRP y Por Qué Existe

CAPÍTULO 1
LOS CIMIENTOS: ENTENDIENDO XRP Y EL TERRENO DE JUEGO

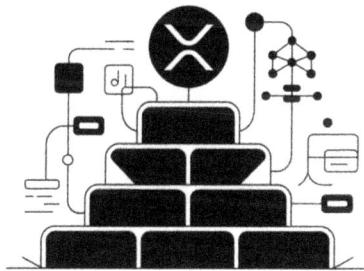

ntes de poner un solo euro en XRP, necesitas entender exactamente qué estás comprando. No una comprensión superficial. No una idea vaga basada en lo que leíste en un comentario de YouTube. Una comprensión real, clara, que te permita explicarle a otra persona qué es XRP y por qué existe.

Este capítulo no es opcional. Es la base de todo lo que viene después. Porque no puedes proteger algo que no entiendes, y no puedes mantener la calma durante la volatilidad si no sabes por qué compraste en primer lugar.

Vamos a construir esa comprensión desde cero, con paciencia y claridad.

PARTE 1: ¿QUÉ DEMONIOS ES XRP? (LA EXPLICACIÓN PARA TU ABUELA)

1.1 Olvida Bitcoin por un momento

Cuando la mayoría de la gente escucha "criptomoneda", piensa automáticamente en Bitcoin. Es natural. Bitcoin fue la primera, es la más conocida, y ocupa la mayor parte de las conversaciones sobre el tema. Pero aquí está el problema: pensar que XRP es "como Bitcoin" es el primer malentendido que necesitamos corregir.

Bitcoin nació con un propósito claro: ser una alternativa descentralizada al dinero tradicional. Un sistema de efectivo digital que no necesitara bancos ni gobiernos. Su creador, Satoshi Nakamoto, quería que la gente pudiera enviar valor directamente entre sí, sin intermediarios.

XRP nació para resolver un problema completamente diferente.

Imagina que necesitas enviar dinero desde España a México. Vas a tu banco, les pides que transfieran 1.000 euros a una cuenta en pesos mexicanos. ¿Qué ocurre detrás de escena?

Tu banco no tiene una sucursal en México. Necesita contactar con bancos intermediarios que sí operen allí. Cada banco en la cadena cobra una comisión. El proceso pasa por sistemas antiguos, principalmente uno llamado SWIFT, que fue creado en los años 70. La transferencia puede tardar entre tres y cinco días hábiles. Las comisiones pueden alcanzar el 5-7% del total. Y cuando finalmente llega el dinero, el tipo de cambio aplicado probablemente no es el más favorable.

Este sistema es lento, caro e ineficiente. Pero ha sido el estándar durante décadas porque no había una alternativa mejor.

XRP fue diseñado para ser esa alternativa.

Piensa en XRP como un idioma universal para el dinero. Cuando necesitas mover valor de una moneda a otra rápidamente, XRP actúa como puente. Tu banco convierte euros a XRP, envía el XRP casi instantáneamente a México, y allí se convierte en pesos. Todo el proceso puede completarse en tres o cuatro segundos, con comisiones de fracciones de céntimo.

XRP no intenta reemplazar al euro ni al peso. No intenta ser el dinero que usas para comprar pan. Su función es mucho más específica: facilitar el movimiento de valor entre diferentes sistemas financieros de forma rápida, barata y eficiente.

Esta diferencia fundamental es crucial. Bitcoin quiere ser el dinero. XRP quiere ser el intermediario que hace que mover dinero sea más fácil.

1.2 XRP vs Ripple vs RippleNet

Aquí es donde la confusión se multiplica, y es completamente comprensible. La mayoría de artículos, videos y conversaciones mezclan estos tres términos como si fueran lo mismo. No lo son.

Vamos a separarlos de una vez por todas.

Ripple es la empresa. Una compañía de tecnología financiera con sede en San Francisco, fundada en 2012. Tiene empleados, oficinas, contratos con bancos, servicios comerciales. Como cualquier empresa tecnológica.

RippleNet es el conjunto de soluciones y servicios que Ripple ofrece a instituciones financieras. Es software, protocolos, herramientas que los bancos y empresas de remesas pueden usar para mejorar sus sistemas de pago. RippleNet puede funcionar sin usar XRP, aunque algunos de sus servicios más avanzados sí lo utilizan.

XRP es el activo digital. La criptomoneda. El token que tú puedes comprar, vender o mantener. XRP existe en su propia blockchain llamada XRP Ledger, que es de código abierto y descentralizada. Aunque Ripple fue fundamental en su creación y posee una cantidad significativa de XRP, técnicamente XRP puede existir independientemente de Ripple como empresa.

Una analogía útil:

Imagina que Ripple es una empresa de automóviles. RippleNet son los diferentes modelos y servicios que ofrece: coches, camiones, servicios de mantenimiento. Y XRP es el motor que algunos de esos vehículos utilizan para funcionar de manera más eficiente.

Puedes tener interés en el motor (XRP) sin necesariamente necesitar comprar todo el coche. Y la empresa puede vender vehículos que no usen ese motor específico, aunque su negocio esté conectado con él.

Esta distinción es importante por varias razones:

Cuando lees noticias sobre Ripple firmando acuerdos con bancos, no significa automáticamente que esos bancos vayan a usar XRP. Pueden estar usando otras soluciones de RippleNet.

Cuando el precio de XRP sube o baja, no es necesariamente porque Ripple como empresa esté yendo bien o mal. XRP se negocia en mercados abiertos y su precio responde a múltiples factores.

Cuando hablamos de invertir en XRP, estamos hablando de comprar el activo digital, no acciones de la empresa Ripple. No eres dueño de parte de la compañía. Eres dueño de un token que tiene utilidad dentro de un ecosistema más amplio.

Mantén esta separación clara en tu mente. Te ayudará a filtrar información y evitar malentendidos cuando leas noticias sobre cualquiera de estos tres elementos.

1.3 XRP vs Bitcoin

Ya establecimos que XRP y Bitcoin tienen propósitos diferentes. Ahora veamos las diferencias técnicas que importan para ti como inversor.

Velocidad de transacción:

Bitcoin procesa transacciones en bloques que se crean aproximadamente cada 10 minutos. Para estar razonablemente seguro de que tu transacción es irreversible, generalmente esperas varias confirmaciones, lo que puede tomar entre 30 minutos y más de una hora en momentos de alta actividad.

XRP procesa transacciones en tres o cuatro segundos. No minutos. Segundos. Y con una sola confirmación, la transacción se considera definitiva.

Coste por transacción:

En Bitcoin, las comisiones varían enormemente según la congestión de la red. En momentos de alta demanda, pueden alcanzar decenas de euros por transacción. En momentos tranquilos, pueden ser de unos pocos euros.

En XRP, la comisión es de aproximadamente 0.00001 XRP por transacción. Incluso si XRP valiera 10 euros, estaríamos hablando de 0.0001 euros por envío. Prácticamente insignificante.

Consumo energético:

Bitcoin utiliza un sistema llamado Prueba de Trabajo (Proof of Work), donde mineros compiten resolviendo problemas matemáticos complejos para validar transacciones. Este proceso consume cantidades masivas de electricidad. Se estima que la red Bitcoin consume tanta energía como países medianos.

XRP utiliza un sistema de consenso completamente diferente que no requiere minería. No hay competencia energética. El consumo de la red XRP Ledger es una fracción minúscula comparado con Bitcoin.

Emisión y suministro:

Bitcoin tiene un suministro máximo de 21 millones de monedas. Estas se van "minando" gradualmente hasta aproximadamente el año 2140. Cada cierto tiempo, la recompensa por minar se reduce a la mitad (esto se llama "halving").

XRP se creó completamente desde el principio. No se mina. Existen 100.000 millones de XRP, y esa es la cantidad máxima que existirá jamás. De hecho, cada transacción "quema" una fracción minúscula de XRP, por lo que técnicamente el suministro va disminuyendo muy lentamente con el tiempo.

Propósito de diseño:

Bitcoin fue diseñado como reserva de valor descentralizada y sistema de pago entre pares. Su lema podría ser: "Sé tu propio banco".

XRP fue diseñado como herramienta de liquidez para instituciones financieras. Su lema podría ser: "Haz que los bancos funcionen mejor".

Ninguno de los dos enfoques es objetivamente superior. Son diferentes. Y es perfectamente posible que ambos coexistan y prosperen resolviendo problemas distintos para audiencias distintas.

Entender estas diferencias te protege de dos errores comunes:

Primero, evitas comparar directamente el precio de Bitcoin con el precio de XRP como si eso significara algo. Bitcoin tiene 21 millones de unidades. XRP tiene 100.000 millones. Sus valoraciones se calculan de forma completamente diferente.

Segundo, evitas las discusiones tribales y estériles sobre cuál es "mejor". No es una competición. Son herramientas diferentes para trabajos diferentes.

PARTE 2: EL ELEFANTE EN LA HABITACIÓN – EL CASO SEC VS RIPPLE

No podemos hablar de XRP sin abordar el tema que ha dominado las conversaciones durante años: la demanda de la SEC contra Ripple. Si has investigado aunque sea un poco sobre XRP, seguro que te has encontrado con esto. Y seguro que te ha generado dudas, preocupación, quizás incluso te ha hecho reconsiderar si XRP es demasiado arriesgado.

Vamos a despejar el tema de una vez, con claridad y sin dramatismos.

2.1 ¿Qué es la SEC y por qué demandó a Ripple?

La SEC (Securities and Exchange Commission) es la agencia del gobierno de Estados Unidos encargada de regular los mercados de valores. Su trabajo es proteger a los inversores asegurándose de que las empresas que venden valores cumplan con ciertas reglas de transparencia y registro.

Un "valor" (security, en inglés) es básicamente cualquier instrumento financiero donde inviertes dinero esperando beneficios principalmente del trabajo de otros. Acciones de empresas son valores. Bonos son valores. Y la SEC argumentó que XRP también debería considerarse un valor.

En diciembre de 2020, la SEC demandó a Ripple, argumentando que la empresa había vendido XRP como un valor no registrado durante años, recaudando más de mil millones de dólares. Según la SEC, Ripple debería haber registrado XRP como valor y cumplir con todas las regulaciones correspondientes.

¿Por qué esto fue tan importante?

Si XRP se considerara legalmente un valor en Estados Unidos, tendría implicaciones masivas. Los exchanges estadounidenses no pueden listar valores sin licencias especiales. Los inversores comunes no podrían comprarlo fácilmente. Ripple enfrentaría multas enormes. Y todo el modelo de negocio de XRP como herramienta de liquidez global quedaría en entredicho.

La demanda provocó pánico inmediato. Varios exchanges importantes eliminaron XRP de sus plataformas por precaución. El precio se desplomó. La comunidad XRP entró en modo de incertidumbre total.

Pero aquí está lo que mucha gente no entiende: el caso no era sobre si XRP en sí mismo es malo, peligroso o fraudulento. Era una cuestión regulatoria específica sobre cómo Ripple lo vendió en sus primeros años.

2.2 Resumen claro del conflicto

El caso legal se desarrolló durante más de tres años. Hubo descubrimiento de documentos, declaraciones, argumentos técnicos complejos. No vamos a entrar en cada detalle porque este no es un libro de derecho. Pero necesitas conocer los puntos clave que afectan tu comprensión como inversor.

Diciembre 2020: La SEC presenta la demanda contra Ripple y dos de sus ejecutivos. Alega que XRP es un valor no registrado.

Inmediatamente después: Varios exchanges eliminan XRP. El precio cae drásticamente. Comienza un período de incertidumbre.

2021-2022: El caso avanza en los tribunales. Ripple presenta defensas sólidas argumentando que XRP no cumple con los criterios legales de un valor. Señalan que XRP se negocia en mercados secundarios de forma similar a Bitcoin o Ethereum.

Julio 2023: El momento crucial. La jueza Analisa Torres emite una decisión parcial que muchos en la comunidad consideraron una victoria significativa para Ripple. La jueza determinó que:

- Las ventas institucionales programáticas de XRP por parte de Ripple sí podrían considerarse valores.

- Pero las ventas de XRP en exchanges públicos a inversores comunes NO son ventas de valores.

Esta distinción fue fundamental. Significa que XRP como activo negociado en exchanges no es un valor. Tú, comprando XRP en un exchange, no estás comprando un valor según esta decisión.

2024 en adelante: El caso continuó con otros aspectos menores, pero la cuestión principal sobre el estatus de XRP para inversores comunes quedó clarificada favorablemente.

¿Qué significa todo esto en términos simples?

El tribunal distinguió entre dos situaciones diferentes. Cuando Ripple vendía grandes cantidades de XRP directamente a instituciones con acuerdos específicos, eso podría ser considerado venta de valores. Pero cuando tú compras XRP en un exchange como cualquier otra criptomoneda, no estás participando en una venta de valores.

Es como la diferencia entre comprar acciones directamente de una empresa en una oferta privada versus comprarlas en la bolsa de valores donde ya se negocian públicamente. Son transacciones legalmente diferentes.

2.3 ¿Qué significa esto para el inversor común?

Esta es la pregunta que realmente importa. Después de todo este drama legal, ¿qué significa para ti?

Primero: XRP no está prohibido. No es ilegal. Los exchanges que lo eliminaron por precaución pueden (y muchos han empezado a) volver a listarlo.

Segundo: La incertidumbre regulatoria principal sobre el estatus de XRP para inversores comunes se ha reducido significativamente. La decisión judicial estableció un precedente importante.

Tercero: Ripple como empresa enfrentó consecuencias y ajustes por cómo manejó ciertas ventas en el pasado. Pero eso no cambia la funcionalidad técnica de XRP ni su utilidad como herramienta de liquidez.

Cuarto: La claridad regulatoria mejorada podría, en teoría, facilitar que más instituciones consideren usar XRP sin miedo a repercusiones legales.

Pero aquí viene la advertencia importante: aunque la situación legal mejoró considerablemente, nunca podemos decir que cualquier activo está "totalmente libre" de riesgos regulatorios. Las leyes evolucionan. Los gobiernos cambian de opinión. Nuevas regulaciones pueden aparecer.

Lo que sí podemos decir es que XRP pasó por una de las batallas legales más intensas y públicas en la historia de las criptomonedas, y salió del otro lado con más claridad que antes.

¿Deberías invertir en XRP solo porque ganó un caso legal? No. Deberías invertir en XRP si entiendes su propósito, crees en su utilidad a largo plazo, y puedes manejar la volatilidad inherente a cualquier activo cripto.

¿Deberías evitar XRP solo por miedo residual al caso SEC? Tampoco. El miedo basado en información desactualizada es tan peligroso como la confianza ciega.

El caso SEC fue real. Fue serio. Y es parte de la historia de XRP que necesitas conocer. Pero no debería ser el único factor en tu decisión.

PARTE 3: ¿QUIÉN USA XRP EN EL MUNDO REAL?

Hasta ahora hemos hablado de qué es XRP y su situación legal. Pero teoría y legalidad no son suficientes. Necesitas saber: ¿alguien está usando esto realmente? ¿O es pura especulación?

3.1 Más allá de la especulación

La respuesta honesta es: sí, hay uso real, pero debemos ser precisos sobre qué significa "uso real" y cuánto de él existe realmente.

Ripple desarrolló un producto llamado **On-Demand Liquidity (ODL)**, anteriormente conocido como xRapid. Este es el servicio que específicamente utiliza XRP como puente para transferencias internacionales.

Así funciona ODL en la práctica:

Una empresa de remesas en Estados Unidos necesita enviar dinero a Filipinas. En lugar de mantener cuentas bancarias pre-financiadas en pesos filipinos (lo que inmoviliza capital), usa ODL. El sistema convierte dólares a XRP, envía el XRP instantáneamente a Filipinas, y lo convierte a pesos. Todo en cuestión de segundos.

¿Quién usa esto?

Varias empresas de remesas y pagos internacionales han probado o implementado ODL en diferentes grados. Empresas como MoneyGram experimentaron con la tecnología. Varios corredores de divisas en mercados emergentes han integrado ODL para ciertos corredores.

Aquí es donde necesito ser cuidadoso contigo: existen casos de uso reales, pero no podemos exagerar su escala. XRP no ha reemplazado SWIFT. No está moviendo trillones de dólares diarios todavía. Los volúmenes de ODL, aunque han crecido, siguen siendo una fracción pequeña del mercado global de remesas.

¿Eso significa que XRP no sirve? No. Significa que estamos en etapas relativamente tempranas de adopción institucional.

La tecnología funciona. El problema que resuelve es real. Pero la adopción masiva en servicios financieros tradicionales es lenta. Los bancos no cambian sus sistemas de la noche a la mañana. La integración tecnológica requiere tiempo, pruebas, aprobaciones regulatorias, capacitación de personal.

Cuando veas noticias sobre "Ripple firma acuerdo con banco X", interpreta con matices:

- ¿Firmaron para explorar la tecnología?
- ¿Firmaron para pilotos limitados?
- ¿Firmaron para implementación completa?
- ¿Están usando XRP específicamente o solo otras herramientas de RippleNet?

Estas distinciones importan. Y la comunidad XRP a veces es culpable de amplificar cualquier anuncio como si fuera adopción masiva instantánea.

3.2 ISO 20022 y el futuro

Si has pasado tiempo en foros o grupos sobre XRP, habrás visto menciones constantes a algo llamado **ISO 20022**. Este término se ha convertido casi en un mantra para algunos defensores de XRP, así que necesitamos aclararlo.

ISO 20022 es un estándar internacional para mensajes financieros. Piensa en él como un idioma común que diferentes sistemas financieros acuerdan usar para comunicarse entre sí. Define cómo se estructuran los datos cuando los bancos intercambian información sobre pagos.

¿Por qué importa?

Muchos sistemas financieros actuales usan estándares antiguos con formatos de mensaje limitados. ISO 20022 permite mensajes más ricos en datos, más flexibles, más eficientes. Y muchas instituciones financieras globales están en proceso de migrar a este estándar.

La conexión con XRP es que el XRP Ledger es compatible de forma nativa con ISO 20022. Esto, en teoría, podría facilitar su integración en sistemas financieros modernos que adopten este estándar.

Ahora, aquí está donde la comunidad a veces se desborda con el hype:

Algunos presentan ISO 20022 como si fuera una garantía de que XRP será adoptado masivamente. Como si los bancos no tuvieran más remedio que usar XRP porque es "compatible con ISO 20022".

Eso no es correcto.

ISO 20022 es un estándar de mensajería. Muchas tecnologías pueden ser compatibles con él, no solo XRP. El hecho de que XRP esté bien posicionado técnicamente no significa que automáticamente será elegido sobre todas las alternativas.

Lo que sí es cierto:

La compatibilidad con ISO 20022 es una ventaja técnica. Reduce barreras de adopción. Facilita conversaciones con instituciones que están modernizando sus sistemas. Pero no es una bala de plata que garantiza el éxito de XRP.

Cuando leas sobre ISO 20022 en el contexto de XRP:

Hechos reales: XRP Ledger es compatible con el estándar. Muchos bancos están adoptando ISO 20022 para sus sistemas de pago.

Expectativas razonables: Esta compatibilidad podría facilitar la adopción de XRP en ciertos casos de uso.

Hype infundado: "ISO 20022 significa que XRP va a explotar porque todos los bancos estarán obligados a usarlo". Esto es simplemente falso.

Mantén la perspectiva. ISO 20022 es parte del contexto favorable para XRP, pero no es una garantía de nada.

3.3 El ecosistema XRP Ledger

XRP no existe en aislamiento. El XRP Ledger (XRPL) es una blockchain completa con capacidades más allá de simples transferencias de XRP.

En los últimos años, el ecosistema ha crecido para incluir:

NFTs: El XRPL soporta tokens no fungibles de forma nativa. Varios proyectos han creado NFTs en esta blockchain, aprovechando sus bajas comisiones y rapidez.

DeFi (Finanzas Descentralizadas): Aunque no al nivel de Ethereum, hay proyectos construyendo aplicaciones financieras descentralizadas sobre XRPL. Exchanges descentralizados, préstamos, y otros servicios financieros.

Tokens personalizados: El XRPL permite crear tokens personalizados para diferentes propósitos, desde representar activos del mundo real hasta crear monedas comunitarias.

¿Por qué menciono esto?

Porque parte del valor potencial a largo plazo de XRP no viene solo de su uso como puente de liquidez, sino del crecimiento del ecosistema completo construido alrededor del XRP Ledger. Un ecosistema más activo y diverso generalmente aumenta la demanda y utilidad del token nativo.

Pero, otra vez, equilibrio:

No estoy diciendo que XRPL vaya a destronar a Ethereum como plataforma DeFi. No estoy diciendo que los NFTs en XRPL sean superiores a los de otras blockchains. Simplemente estoy señalando que XRP es parte de un ecosistema más amplio que está desarrollándose.

Algunos inversores compran XRP solo pensando en su uso como puente de liquidez. Otros lo ven como apuesta al ecosistema XRPL completo. Ambos enfoques son válidos. Solo necesitas ser consciente de cuál es tu razón y ajustar tus expectativas en consecuencia.

El punto central: XRP no es un proyecto estático. Se está desarrollando, expandiendo, adaptando. Eso puede ser positivo a largo plazo, pero también significa que el panorama puede cambiar con el tiempo.

PARTE 4: RESUMEN Y CHECKLIST DE COMPRENSIÓN

4.1 Resumen claro del capítulo

Hemos cubierto mucho terreno en este primer capítulo. Hagamos un repaso de los conceptos fundamentales que necesitas retener:

XRP es una herramienta de liquidez, no una simple copia de Bitcoin. Su propósito es facilitar transferencias internacionales de valor de forma rápida, barata y eficiente, actuando como moneda puente entre diferentes sistemas financieros.

Ripple, RippleNet y XRP son tres cosas diferentes. Ripple es la empresa. RippleNet es el conjunto de servicios y soluciones. XRP es el activo digital. Están relacionados pero no son lo mismo, y es crucial mantener esta distinción para entender noticias e información correctamente.

XRP y Bitcoin resuelven problemas diferentes. Bitcoin busca ser reserva de valor descentralizada y sistema de pago entre pares. XRP busca mejorar la eficiencia del sistema financiero existente. Comparaciones directas de precio no tienen sentido dadas sus diferencias en suministro, propósito y diseño técnico.

El caso SEC fue significativo pero no fatal. La batalla legal clarificó que XRP negociado en exchanges públicos no es un valor según la interpretación judicial actual. Esto redujo incertidumbre regulatoria importante, aunque nunca podemos decir que cualquier activo está completamente libre de riesgos regulatorios futuros.

Hay uso real pero debemos ser honestos sobre su escala. XRP se usa en productos como On-Demand Liquidity para remesas y pagos internacionales. La tecnología funciona. Pero la adopción masiva aún no ha ocurrido y debemos tener expectativas realistas sobre los tiempos de adopción institucional.

ISO 20022 es ventaja técnica, no garantía. La compatibilidad de XRP Ledger con este estándar internacional de mensajería financiera es positiva. Facilita potenciales integraciones. Pero no obliga a nadie a usar XRP ni garantiza éxito automático.

XRP es parte de un ecosistema en desarrollo. El XRP Ledger soporta NFTs, DeFi, tokens personalizados y más. Este ecosistema más amplio puede contribuir al valor a largo plazo, aunque todavía está en etapas relativamente tempranas comparado con otras blockchains.

4.2 Checklist práctica

Antes de pasar al siguiente capítulo, asegúrate de poder responder afirmativamente a estas preguntas. Si alguna respuesta es "no" o "no estoy seguro", vuelve a leer la sección correspondiente. Esta base de comprensión es demasiado importante para construirla sobre arena.

Comprensión básica:

☐ ¿Puedo explicar qué es XRP con mis propias palabras sin usar jerga técnica?

☐ ¿Entiendo que XRP resuelve un problema diferente al de Bitcoin?

☐ ¿Puedo explicar la diferencia entre Ripple (empresa), RippleNet (servicios) y XRP (activo)?

Contexto legal:

☐ ¿Entiendo por qué el caso SEC fue importante para XRP?

☐ ¿Sé cuál fue el resultado principal de la decisión judicial de 2023?

☐ ¿Comprendo que XRP negociado en exchanges no fue clasificado como valor?

Adopción y uso real:

☐ ¿Sé qué es On-Demand Liquidity y cómo usa XRP?

☐ ¿Tengo expectativas realistas sobre el nivel actual de adopción institucional?

☐ ¿Entiendo que "Ripple firma con banco X" no siempre significa que usarán XRP?

Expectativas:

☐ ¿Comprendo que ISO 20022 es una ventaja técnica pero no una garantía de éxito?

☐ ¿Sé que XRP es parte de un ecosistema blockchain más amplio (XRPL)?

☐ ¿Tengo claro que este capítulo no me está diciendo si comprar o no, solo qué es XRP?

Autoevaluación emocional:

☐ ¿Me siento menos confundido sobre XRP que antes de leer este capítulo?

☐ ¿Puedo distinguir entre hechos reales y hype cuando leo sobre XRP?

☐ ¿Estoy preparado para aprender sobre aspectos prácticos de compra y protección?

Si has marcado todas o la mayoría de estas casillas, estás listo para continuar. Has construido los cimientos sólidos que necesitas.

Si todavía tienes dudas significativas en áreas clave, no te apresures. Es mejor consolidar esta comprensión ahora que avanzar con lagunas de conocimiento que te causarán inseguridad más adelante.

Has completado el primer paso del sistema. Ahora entiendes qué es XRP, por qué existe, cuál ha sido su historia legal más importante, y dónde está en términos de adopción real.

Este conocimiento te protege de dos peligros opuestos: el hype ciego que te hace comprar sin entender, y el miedo paralizante que te hace evitar algo por razones equivocadas.

Ahora que sabes qué es XRP, el siguiente paso lógico es aprender cómo y dónde comprarlo de forma segura. Pero antes de eso, necesitamos hablar de algo igual de importante: cómo proteger tu inversión una vez que la hayas hecho.

Continúa con el Capítulo 2: Protección Antes que Compra – Tu Fortaleza Digital

CAPÍTULO 2
TU PRIMERA COMPRA SEGURA: EL SISTEMA ANTI-ERRORES

A hora que entiendes qué es XRP, ha llegado el momento de la verdad. El momento que probablemente te ha estado generando más ansiedad desde que empezaste a investigar sobre criptomonedas: la compra real.

Este capítulo existe para eliminar esa ansiedad. No minimizándola, sino abordándola directamente con un sistema claro que te guiará paso a paso. Al final de estas páginas, no solo sabrás cómo comprar XRP, sino que tendrás la confianza para hacerlo sin ese nudo en el estómago.

Vamos a construir tu primera compra como si estuviera sentado a tu lado, señalando cada botón, explicando cada término, anticipando cada duda.

PARTE 1: EL CAMPO DE BATALLA – CÓMO ELEGIR UN EXCHANGE CONFIABLE

1.1 No todos los exchanges son iguales

Un exchange de criptomonedas es simplemente una plataforma donde puedes comprar, vender e intercambiar criptomonedas. Es el equivalente digital de una casa de cambio o una bolsa de valores, pero para activos digitales.

Aquí está el problema: existen cientos de exchanges. Algunos son gigantes regulados con años de historia. Otros son plataformas pequeñas que operan desde jurisdicciones oscuras. Algunos tienen medidas de seguridad robustas. Otros han sido hackeados repetidamente.

Elegir el exchange equivocado puede costarte todo tu dinero. No es exageración. Ha ocurrido miles de veces.

Existen dos tipos principales de exchanges:

Exchanges Centralizados (CEX): Estos son los más comunes y los que usarás como principiante. Funcionan como una empresa tradicional. Tienen servidores, empleados, atención al cliente, regulaciones que cumplir. Tú les confías tu dinero temporalmente mientras compras, y ellos custodian tus criptomonedas hasta que decidas retirarlas.

Ejemplos: Binance, Coinbase, Kraken, Bitstamp.

Exchanges Descentralizados (DEX): Estos operan mediante contratos inteligentes en blockchains. No hay empresa central. No hay custodios. Tú mantienes control total de tus fondos en todo momento mediante tu wallet personal.

Ejemplos: Uniswap, PancakeSwap, XRPL DEX.

¿Cuál deberías usar como principiante?

Un exchange centralizado. Sin discusión.

Los DEX son herramientas poderosas para usuarios avanzados que entienden perfectamente cómo funcionan las wallets, las claves privadas, los contratos inteligentes y los riesgos asociados. Para un principiante, un DEX es como intentar aprender a conducir directamente en un coche de Fórmula 1. La probabilidad de error catastrófico es demasiado alta.

Los exchanges centralizados tienen:

- Interfaces más intuitivas
- Procesos de compra más simples
- Atención al cliente cuando tienes problemas
- Onramps fáciles desde dinero fiat (euros, dólares)
- Medidas de recuperación si olvidas contraseñas

Sí, tienen la desventaja de que custodian tus fondos temporalmente. Pero para tu primera compra, esa custodia temporal es un precio razonable por la simplicidad y el soporte.

Ahora bien, no todos los exchanges centralizados son seguros. Y aquí es donde necesitamos ser extremadamente cuidadosos.

1.2 La Checklist de Seguridad para Exchanges

Antes de depositar un solo euro en cualquier plataforma, necesitas evaluarla según estos criterios. Esta checklist no es opcional. Es tu primera línea de defensa contra pérdidas evitables.

1. Regulación y Licencias

Un exchange serio opera con licencias en las jurisdicciones donde presta servicios. En España, por ejemplo, debe estar registrado ante el Banco de España. En Estados Unidos, debe cumplir con regulaciones estatales y federales.

¿Cómo verificas esto? Busca en la página web del exchange una sección de "Regulación" o "Licencias". Deben indicar claramente bajo qué autoridades operan. Si no encuentras esta información fácilmente, es una señal de alarma.

2. Historial de Seguridad

¿Ha sido hackeado este exchange antes? Si la respuesta es sí, ¿cómo respondieron? ¿Compensaron a los usuarios? ¿Implementaron mejoras de seguridad después?

Algunos exchanges han sufrido hackeos pero han demostrado responsabilidad. Otros simplemente desaparecieron con los fondos de usuarios. Investiga el nombre del exchange seguido de "hack" o "security breach" en Google. Lee qué encontró la comunidad.

Ningún exchange es 100% inmune a ataques, pero su historial y respuesta ante incidentes te dice mucho sobre su seriedad.

3. Volumen de Operaciones

Un exchange con alto volumen de operaciones diarias generalmente es más líquido y confiable. Puedes verificar volúmenes en sitios como CoinMarketCap o CoinGecko.

¿Por qué importa el volumen? Porque exchanges con poco volumen pueden tener problemas de liquidez cuando quieras vender. También son más susceptibles a manipulación de precios.

4. Transparencia en Comisiones

Las comisiones deben estar claramente explicadas antes de realizar cualquier operación. Si un exchange esconde sus comisiones o las hace deliberadamente confusas, evítalo.

Busca información sobre:

- Comisión por compra/venta (trading fee)
- Comisión por depósito de dinero fiat
- Comisión por retiro de XRP a wallet externa
- Spread (diferencia entre precio de compra y venta)

5. Capacidad de Retiro Real

Esto es crítico: debes poder retirar tus XRP del exchange a una wallet que tú controles. Suena obvio, pero existen plataformas que te permiten "comprar" XRP sin que realmente seas dueño de ellos. Solo puedes venderlos de vuelta en la misma plataforma.

Esto es inaceptable. Si no puedes retirar tus XRP, no los posees realmente.

Antes de registrarte, verifica que el exchange permite retiros de XRP a direcciones externas. Esta información suele estar en su sección de "Fees" o "Withdrawal limits".

6. Atención al Cliente Funcional

¿Tienen soporte en español? ¿Cuánto tardan en responder tickets? ¿Hay usuarios reportando problemas masivos de soporte ignorado?

Un exchange sin soporte funcional es una bomba de tiempo. Cuando tengas un problema (y eventualmente lo tendrás, todos lo tenemos), necesitas poder hablar con alguien.

Busca reseñas recientes sobre el servicio al cliente del exchange. Lee subreddits y foros. Si ves quejas constantes sobre soporte inexistente, es señal de alarma.

7. Autenticación de Dos Factores (2FA) Disponible

El exchange debe ofrecer 2FA, preferiblemente mediante aplicación autenticadora (Google Authenticator, Authy) y no solo SMS.

2FA es tu segunda capa de seguridad. Incluso si alguien obtiene tu contraseña, no podrá acceder a tu cuenta sin el código temporal generado por tu aplicación autenticadora.

Un exchange que no ofrece 2FA en 2025 no debería existir. Punto.

8. Proceso KYC Claro

KYC (Know Your Customer) es el proceso de verificación de identidad. Exchanges regulados te pedirán documento de identidad, prueba de domicilio, y a veces una selfie.

Esto NO es algo malo. Es señal de que el exchange opera legalmente y cumple con regulaciones anti-lavado de dinero.

Desconfía de exchanges que prometen "sin KYC" para cantidades significativas. O están operando ilegalmente, o están en jurisdicciones sin regulación adecuada. Ambas son señales de riesgo.

9. Reputación Comunitaria

¿Qué dice la comunidad cripto sobre este exchange? Busca opiniones en Reddit, foros especializados, grupos de Telegram en español.

No te bases en una sola opinión. Busca patrones. Si ves constantemente quejas sobre fondos bloqueados, retiros que nunca llegan, o soporte inexistente, aléjate.

10. Interfaz y Usabilidad

Para tu primera compra, una interfaz clara y simple es más valiosa que funciones avanzadas que no vas a usar.

¿Puedes navegar fácilmente? ¿Está en español o al menos en un inglés comprensible? ¿Los botones de compra y retiro son claros?

Una plataforma confusa aumenta el riesgo de error. Y en cripto, los errores son irreversibles.

11. Medidas de Seguridad Adicionales

Exchanges serios ofrecen:

- Listas blancas de direcciones de retiro (solo puedes retirar a direcciones pre-aprobadas)
- Períodos de espera para nuevas direcciones
- Notificaciones por email de cada actividad sospechosa
- Opción de bloquear retiros temporalmente

Estas características no son obligatorias, pero su presencia indica que el exchange se toma la seguridad en serio.

1.3 Exchanges recomendados para el mercado hispano

Voy a ser directo contigo: no voy a decirte "usa este exchange y punto". Cada persona tiene necesidades diferentes, está en países diferentes, y tiene acceso a métodos de pago diferentes. Lo que sí puedo hacer es darte un análisis objetivo de opciones confiables según tu situación.

Para España:

Bitstamp

- Pros: Uno de los exchanges más antiguos (fundado en 2011), regulado en Luxemburgo y la UE, soporta SEPA para transferencias bancarias baratas desde España, interfaz clara, buen historial de seguridad.
- Contras: Comisiones algo más altas que competidores, menos funciones avanzadas, interfaz menos moderna.
- Ideal para: Principiantes que priorizan seguridad y sencillez sobre comisiones bajas.

Kraken

- Pros: Excelente reputación de seguridad, nunca ha sido hackeado, regulado en múltiples jurisdicciones, soporta SEPA, comisiones competitivas, buen soporte.
- Contras: Interfaz puede ser intimidante para principiantes absolutos, proceso de verificación a veces lento.
- Ideal para: Usuarios que buscan balance entre seguridad y funcionalidad.

Coinbase

- Pros: Interfaz extremadamente amigable para principiantes, empresa pública cotiza en NASDAQ, altamente regulado, excelente aplicación móvil, soporte decente.
- Contras: Comisiones entre las más altas del mercado, especialmente en compras con tarjeta.
- Ideal para: Principiantes absolutos dispuestos a pagar por simplicidad y tranquilidad.

Para Latinoamérica:
Binance

- Pros: Mayor exchange del mundo por volumen, soporte en español, múltiples métodos de pago locales (transferencias, efectivo en algunos países), comisiones muy bajas, gran liquidez.
- Contras: Ha tenido problemas regulatorios en varios países, interfaz puede abrumar a principiantes, soporte a veces saturado.
- Ideal para: Usuarios en países donde opciones reguladas son limitadas, que buscan bajas comisiones y no les intimida una plataforma compleja.

Bitso (México, Argentina, Colombia, Brasil)

- Pros: Exchange latinoamericano regulado localmente,

interfaz en español diseñada para la región, integración con bancos locales, proceso de compra muy simple.
- Contras: Menos criptomonedas disponibles, comisiones algo más altas que exchanges globales, menor liquidez.
- Ideal para: Principiantes en países donde opera que prefieren una plataforma pensada específicamente para Latinoamérica.

Consideraciones importantes:
No existe el "mejor exchange universal". Tu elección depende de:

- Tu país de residencia (disponibilidad y regulación)
- Tu método de pago preferido
- Cuánto priorizas comisiones bajas vs simplicidad
- Tu nivel de experiencia

Mi recomendación general para un principiante absoluto en España: empieza con Coinbase o Kraken. Pagarás algo más en comisiones, pero tendrás tranquilidad y soporte.

Mi recomendación general para un principiante en Latinoamérica: si tu país tiene Bitso, empieza ahí. Si no, Binance es probablemente tu mejor opción, pero tómate tiempo extra aprendiendo su interfaz.

Advertencia crítica: Sea cual sea el exchange que elijas, nunca dejes tus fondos ahí a largo plazo. Un exchange es para comprar y transferir a tu wallet personal. No es una caja fuerte. Esto lo abordaremos en el próximo capítulo.

PARTE 2: LA COMPRA PERFECTA – GUÍA PASO A PASO

2.1 Preparación antes de comprar

Antes de registrarte en ningún exchange, prepara estos elementos. Tenerlos listos hará el proceso infinitamente más fluido y reducirá tu ansiedad.

Documentación necesaria:

- **Documento de identidad oficial:** DNI, pasaporte, o cédula de identidad según tu país. Debe estar vigente.
- **Prueba de domicilio:** Algunos exchanges la piden, otros no. Ten preparado un recibo de servicios (luz, agua, teléfono) o extracto bancario reciente (no más de tres meses) donde aparezca tu dirección claramente.
- **Dispositivo móvil:** Para fotos de documentos y para instalar la aplicación de autenticación 2FA.

Método de pago:

- **Transferencia bancaria (SEPA en Europa):** Generalmente el método más barato. Tarda 1-3 días pero las comisiones son mínimas.
- **Tarjeta de crédito/débito:** Instantáneo pero con comisiones más altas (típicamente 3-4%). Útil para tu primera compra de prueba.
- **Otros métodos locales:** Algunos exchanges ofrecen opciones específicas por país (Bizum en España, PIX en Brasil, etc.).

Comprende el KYC:
KYC (Know Your Customer) es el proceso de verificación de identidad. Te pedirán:

1. Subir foto del anverso y reverso de tu documento
2. Tomarte una selfie sosteniendo el documento (a veces)
3. Responder preguntas básicas sobre tu situación financiera

¿Por qué es necesario?
Regulaciones internacionales obligan a empresas financieras a verificar la identidad de sus clientes para prevenir lavado de dinero y financiación del terrorismo. No es que el exchange desconfíe de ti. Es que la ley les obliga a verificarte.
¿Es seguro enviar tu documento?

A exchanges regulados y reputados, sí. Estas empresas manejan millones de usuarios y están sujetas a estrictas normativas de protección de datos. Es más seguro que usar tu tarjeta en muchas tiendas online.

¿Cuánto tarda la verificación?

Varía. Puede ser instantáneo con verificación automática, o tomar varios días si requiere revisión manual. Planifica con anticipación. No esperes hasta el día que quieras comprar para empezar el proceso.

2.2 Tutorial paso a paso de compra

Voy a guiarte a través del proceso de compra usando un ejemplo genérico que aplica a la mayoría de exchanges. Los nombres de botones pueden variar ligeramente, pero la lógica es la misma.

Voy a asumir que ya elegiste tu exchange basándote en la checklist anterior. Ahora, paso a paso:

Paso 1: Crear tu cuenta

Ve al sitio web oficial del exchange. Escribe la URL directamente en tu navegador, no hagas clic en enlaces de emails o anuncios. Los sitios falsos (phishing) son comunes.

Haz clic en "Registrarse" o "Sign Up".

Necesitarás:

- Email (usa uno que revises regularmente)
- Contraseña fuerte (mínimo 12 caracteres, mezcla de mayúsculas, minúsculas, números y símbolos)
- Aceptar términos y condiciones

Importante: Usa una contraseña única para este exchange. No la reutilices de otros sitios. Considera usar un gestor de contraseñas.

Recibirás un email de confirmación. Haz clic en el enlace para verificar tu dirección de correo.

Paso 2: Activar Autenticación de Dos Factores (2FA)

Esto es absolutamente crítico. No lo pospongas "para después". Hazlo ahora, antes de seguir adelante.

Descarga una aplicación autenticadora en tu móvil:

- Google Authenticator
- Authy (recomendado porque permite respaldos)
- Microsoft Authenticator

En el exchange, ve a Configuración → Seguridad → Autenticación de Dos Factores.

Verás un código QR. Escanéalo con tu aplicación autenticadora.

La aplicación generará un código de 6 dígitos que cambia cada 30 segundos. Introdúcelo en el exchange para confirmar que todo funciona.

Guarda el código de respaldo: El exchange te dará un código de recuperación. Escríbelo en papel y guárdalo en lugar seguro. Si pierdes tu teléfono, este código te salvará.

Paso 3: Verificar tu identidad (KYC)

Ve a la sección de Verificación de Identidad. Puede llamarse "Verify Account", "KYC", o "Identity Verification".

Sigue las instrucciones:

1. Selecciona tu país y tipo de documento
2. Sube foto clara del anverso de tu documento (sin brillos, bien enfocado)
3. Sube foto clara del reverso
4. Si te lo piden, toma una selfie o graba un video corto siguiendo sus instrucciones
5. Algunos exchanges usan verificación en vivo donde mueves la cabeza o parpadeas

Consejos para que tu verificación sea rápida:

- Buena iluminación
- Fondo neutro
- Documento completamente visible
- Sin brillos ni sombras
- Foto enfocada y clara

Una vez enviado, espera. Puede ser instantáneo o tardar días. Recibirás un email cuando estés verificado.

Paso 4: Depositar dinero

Ahora que estás verificado, puedes depositar dinero fiat (euros, dólares, etc.) en el exchange.

Ve a "Depósito" o "Deposit" → Selecciona tu moneda (EUR, USD, etc.) → Elige método de pago.

Si eliges transferencia bancaria (recomendado para cantidades mayores):

El exchange te dará datos bancarios donde enviar el dinero. Incluirán:

* Número de cuenta / IBAN
* Código de referencia único (fundamental incluirlo)

Desde tu banco online, haz una transferencia a esa cuenta incluyendo exactamente el código de referencia proporcionado. Sin ese código, el exchange no sabrá que el dinero es tuyo.

Espera 1-3 días laborables. El dinero aparecerá en tu balance del exchange.

Si eliges tarjeta (recomendado solo para primeras compras pequeñas):

Ve a Depósito → Tarjeta de crédito/débito → Introduce datos de tu tarjeta → Confirma cantidad → Completa verificación 3D Secure de tu banco.

El dinero aparece casi instantáneamente, pero las comisiones son significativas (3-5%).

Paso 5: Encontrar el par de trading XRP

Ahora tienes euros (o tu moneda) en el exchange. Es momento de convertirlos en XRP.

Ve a "Trade", "Exchange", "Mercados" o "Markets".

Busca el par XRP/EUR (si depositaste euros) o XRP/USD (si depositaste dólares).

En algunos exchanges verás opciones como:

- Spot Trading (lo que necesitas)
- Futures (evita esto como principiante)
- Margin (evita esto también)

Haz clic en el par XRP/EUR para abrir la pantalla de compra/venta.

Paso 6: Entender tipos de órdenes

Verás dos tipos principales de órdenes:

Orden de Mercado (Market Order): Compras XRP al precio actual de mercado, instantáneamente. Es simple, rápido, pero pagas el precio que haya en ese momento exacto.

Usas esto cuando: quieres comprar ahora y no te importan variaciones mínimas de precio.

Orden Limitada (Limit Order): Tú estableces el precio máximo que estás dispuesto a pagar por XRP. La orden solo se ejecuta si el precio llega a ese nivel.

Usas esto cuando: quieres controlar exactamente a qué precio compras, aunque eso signifique esperar.

Para tu primera compra, recomiendo orden de mercado por simplicidad. Las diferencias de precio son mínimas en activos líquidos como XRP.

Paso 7: Ejecutar la compra

En la interfaz de compra:

1. Selecciona "Comprar" o "Buy"
2. Elige tipo de orden: "Market"
3. Introduce la cantidad: puedes especificar cuántos euros quieres gastar o cuántos XRP quieres comprar
4. Revisa el resumen: el exchange mostrará cuántos XRP recibirás aproximadamente, las comisiones, y el total
5. Confirma la operación

Puede pedirte tu código 2FA para confirmar. Introdúcelo.

Hecho. Tu orden se ejecuta en segundos.

Consejo importante: Para tu primera compra, usa una cantidad pequeña. 20-50 euros. Esto es una "compra de prueba" para familiarizarte con el proceso sin riesgo significativo. Una vez que veas que todo funciona, puedes hacer compras mayores con confianza.

2.3 Post-compra: ¿Dónde está mi XRP?

Inmediatamente después de completar la compra, es normal sentir un momento de "¿y ahora qué?"

Tu XRP ahora está en tu balance del exchange. Para verificarlo:

Ve a "Wallet", "Portfolio", "Balances" o "Mis Activos".

Busca XRP en la lista. Deberías ver:

- Cantidad total de XRP que posees
- Valor estimado en tu moneda local
- Opciones de "Depositar" y "Retirar"

Si acabas de comprar y no ves tu XRP inmediatamente, espera 30 segundos y actualiza la página. Las interfaces a veces tienen ligero retraso.

¿Es normal sentir nerviosismo post-compra?

Completamente. Acabas de convertir dinero real en algo intangible. Es natural que tu cerebro busque confirmación constante de que tu dinero está ahí.

Respira. Revisa tu balance una o dos veces para tranquilizarte. Luego, aléjate de la pantalla.

Nota crucial: Tus XRP están en el exchange, pero no están realmente en tu posesión hasta que los retires a una wallet que tú controles. El próximo capítulo cubrirá exactamente cómo hacer esto. Por ahora, si compraste una cantidad pequeña de prueba, está bien dejarla ahí unos días mientras aprendes sobre wallets.

Pero grábate esto: un exchange no es una wallet a largo plazo. Es un lugar temporal.

PARTE 3: ALERTA ROJA – LOS ERRORES QUE ARRUINAN A LOS PRINCIPIANTES

Has aprendido cómo comprar correctamente. Ahora necesitas aprender qué NO hacer. Estos errores han costado a miles de personas sus inversiones completas. Cada uno de ellos es 100% evitable si prestas atención.

Error 1: Comprar en aplicaciones que no permiten retiros reales

Existen aplicaciones de inversión que te permiten "comprar XRP" pero en realidad solo estás comprando un contrato sobre el precio de XRP. No posees XRP real. No puedes retirarlo. Solo puedes venderlo de vuelta en la misma app.

Ejemplos: Algunas apps de trading como eToro, Revolut o PayPal (dependiendo del país) funcionan así.

¿Por qué es un error? Porque no posees realmente el activo. No puedes moverlo. No controlas nada. Si la plataforma tiene problemas, congela cuentas, o cambia sus términos, estás atrapado.

Verificación: Antes de comprar, confirma que puedes retirar XRP a una dirección externa que tú controles.

Error 2: No activar 2FA inmediatamente

Algunos usuarios piensan "lo activo después" o "mi contraseña es fuerte, no lo necesito".

Incorrecto. Una contraseña, por fuerte que sea, puede ser comprometida de múltiples formas: phishing, malware, brechas de datos de otros sitios si reutilizaste contraseñas.

2FA es tu segunda capa. Sin ella, cualquiera con tu contraseña tiene acceso total a tus fondos.

Solución: Activa 2FA antes de depositar un solo euro. Usa aplicación autenticadora, no SMS (los SMS pueden ser interceptados).

Error 3: Comprar toda tu cantidad planeada de golpe por FOMO

Decidiste invertir 2.000 euros. Ves que XRP subió 10% hoy. Pánico: "¡Se me escapa! ¡Tengo que comprar todo ahora!"

Compras 2.000 euros de XRP de una vez. Al día siguiente, el precio baja 15%.

Este error combina timing emocional con falta de estrategia.

Mejor enfoque: Promedio de Costo en Dólares (Dollar Cost Averaging - DCA). Divide tu cantidad total en compras más pequeñas espaciadas en el tiempo. Ejemplo: en lugar de 2.000 euros de golpe, compra 400 euros cada dos semanas durante diez semanas.

Esto elimina el estrés de "elegir el momento perfecto" y promedia tu precio de entrada.

Error 4: No entender las comisiones reales

"¡Este exchange tiene comisión 0%!"

Sí, pero cobran un spread del 2%. El spread es la diferencia entre el precio de compra y el precio de venta. Es una comisión disfrazada.

O cobran comisión de retiro tan alta que anula cualquier ahorro en comisión de compra.

Solución: Antes de comprar, calcula el coste total real:

- Comisión de depósito (si hay)
- Comisión de trading o spread
- Comisión de retiro (cuando eventualmente saques a tu wallet)

El exchange con la comisión de trading más baja no siempre es el más barato al final.

Error 5: Usar contraseñas débiles o reutilizadas

"XRP2024" no es una buena contraseña. Tampoco lo es la misma contraseña que usas en tu email o Netflix.

Si un hacker obtiene tu contraseña de una brecha de datos de otro sitio y tú la reutilizaste, puede entrar a tu exchange.

Solución:

- Contraseña única para el exchange
- Mínimo 12 caracteres
- Mezcla de mayúsculas, minúsculas, números y símbolos
- Usa un gestor de contraseñas si necesitas ayuda para recordarlas

Error 6: Dejar fondos a largo plazo en el exchange

Este es probablemente el error más costoso y común.

"Pero el exchange es seguro, está regulado, tiene buena reputación..."

Mt. Gox era el exchange más grande del mundo. Quebró. QuadrigaCX era respetado. Su fundador murió y las claves desaparecieron. FTX era el tercer exchange más grande del mundo. Colapsó en días.

No importa cuán seguro parezca un exchange hoy. Las cosas cambian. Hackeos ocurren. Fraudes internos ocurren. Insolvencias ocurren.

Regla de oro: Un exchange es para comprar y transferir a tu wallet. No es para almacenamiento a largo plazo.

Si no planeas usar esos XRP en el corto plazo, sácalos del exchange a una wallet que solo tú controles.

Error 7: Compartir capturas de pantalla en redes sociales

"¡Miren, acabo de comprar XRP! 🚀" [Adjunta captura de su portfolio mostrando cantidad y balance]

Acabas de poner una diana en tu espalda. Los estafadores ahora saben:

- Que tienes criptomonedas
- Cuánto tienes aproximadamente
- Que probablemente eres principiante (usuarios experimentados no hacen esto)

Te convertiste en objetivo prioritario para phishing y ataques dirigidos.

Solución: Nunca publiques cantidades, balances, o información de tus holdings. Disfruta tus inversiones en privado.

Error 8: Caer en la estafa clásica: "Envíame XRP y te devuelvo el doble"

En redes sociales, especialmente Twitter/X, verás cuentas que parecen oficiales (Ripple, exchanges famosos, influencers) ofreciendo "giveaways":

"Estamos celebrando. Envía de 100 a 10,000 XRP a esta dirección y te devolveremos el doble. ¡Solo por 24 horas!"

Es una estafa. Siempre. Sin excepciones.

Las cuentas son falsas (verificación comprada o hackeada). Si envías XRP, desaparece para siempre.

Regla absoluta: Nunca envíes criptomonedas a nadie que prometa devolverte más. Nunca. No importa cuán legítimo parezca.

Error 9: No hacer una compra de prueba primero

Invertiste 5,000 euros. Es tu primera vez. Compras todo de golpe.

Ahora tienes 5,000 euros en XRP en un exchange cuya interfaz apenas conoces, sin haber experimentado el proceso de retiro, sin saber cómo funciona la wallet, nervioso por cada movimiento.

Mejor enfoque: Primera compra de 20-50 euros. Familiarízate con todo el proceso. Aprende a retirar a una wallet. Verifica que todo funciona. Luego, con confianza y experiencia, haz compras mayores.

Esta pequeña cantidad "de aprendizaje" vale cada céntimo en tranquilidad mental.

Error 10: Intentar hacer trading sin conocimientos

Compraste XRP. Subió 5%. Piensas: "Puedo venderlo ahora y recomprar cuando baje, así gano más XRP".

A esto se le llama trading. Y es completamente diferente de invertir. Trading exitoso requiere:

- Conocimientos técnicos profundos
- Experiencia leyendo gráficos
- Control emocional excepcional
- Disponibilidad para monitorear mercados constantemente
- Tolerancia a pérdidas mientras aprendes

El 90% de traders pierden dinero. La mayoría de principiantes que intentan hacer trading terminan con menos dinero que si simplemente hubieran comprado y mantenido.

Este libro es sobre invertir, no sobre trading. Son disciplinas diferentes.

Solución: Si compraste XRP porque crees en su valor a largo plazo, mantenlo. Ignora las fluctuaciones diarias. Revisa tu inversión mensualmente, no diariamente.

PARTE 4: RESUMEN Y PLAN DE ACCIÓN

4.1 Resumen del capítulo

Has recorrido el camino completo desde elegir un exchange hasta ejecutar tu primera compra. Repasemos los puntos críticos:

Elegir exchange no es aleatorio. Usa la checklist de 11 puntos para evaluar opciones. Prioriza regulación, seguridad, historial y capacidad de retiro sobre comisiones bajas.

Para España: Coinbase (simplicidad), Kraken (balance), o Bitstamp (veterano confiable).

Para Latinoamérica: Bitso si opera en tu país, Binance como alternativa amplia.

El proceso de compra tiene pasos claros: Registro → 2FA → Verificación KYC → Depósito → Buscar par XRP → Ejecutar orden. No hay atajos en la seguridad.

KYC no es enemigo. Es señal de que operas con plataforma legítima y regulada. Exchanges serios lo requieren por ley.

Tipos de órdenes: Mercado para simplicidad y rapidez. Limitada para control de precio. Como principiante, mercado es suficiente.

Los 10 errores fatales son 100% evitables: No activar 2FA, comprar donde no hay retiros reales, dejar fondos en exchange largo plazo, compartir información públicamente, caer en estafas de "envía y recibe doble", no hacer compra de prueba, usar contraseñas débiles, comprar todo por FOMO, ignorar comisiones reales, intentar trading sin preparación.

Tu XRP está en el exchange temporalmente. No es tu wallet personal. El siguiente paso es aprender a moverlo a almacenamiento seguro que solo tú controles.

4.2 Plan de Acción Práctico

Antes de cerrar este capítulo, rellena mentalmente (o en papel) este plan. Convertirá tu lectura en acción consciente:

MI PLAN DE PRIMERA COMPRA XRP

Exchange elegido:

. . .

¿Por qué elegí este exchange? Regulación: Sí/No Buena reputación: Sí/No Soporta mi método de pago: Sí/No Permite retiros de XRP: Sí/No

Cantidad para compra de prueba: _____ euros/dólares (recomendado: 20-50 para aprender)

Método de pago para compra de prueba: ☐ Tarjeta (rápido, más caro) ☐ Transferencia bancaria (lento, más barato)

Fecha planeada para registro y verificación:

Cantidad total que planeo invertir eventualmente: _____ euros/dólares

Estrategia de entrada: ☐ Todo de una vez (no recomendado) ☐ DCA - Dividido en __ compras durante __ semanas

Medidas de seguridad que DEBO activar antes de comprar:

☐ 2FA mediante aplicación autenticadora instalada ☐ Código de recuperación 2FA guardado en papel ☐ Contraseña única y fuerte para el exchange ☐ Email exclusivo o seguro verificado

Qué haré después de mi compra de prueba:

☐ Verificar que el balance aparece correctamente ☐ Leer Capítulo 3 sobre wallets ☐ Practicar retiro a wallet personal con la cantidad de prueba ☐ Una vez cómodo, proceder con cantidades mayores

Errores que NO cometeré:

☐ Dejar fondos en exchange largo plazo ☐ Compartir cantidades en redes sociales ☐ Responder a mensajes de "soporte" no solicitados ☐ Enviar XRP a promesas de "devolución duplicada" ☐ Hacer trading sin conocimientos ☐ Comprar todo por FOMO

Recordatorio final:

Mi objetivo no es comprar XRP lo más rápido posible. Mi objetivo es comprar XRP de forma segura y entendiendo cada paso. La velocidad puede esperar. La seguridad no puede.

. . .

Has completado el segundo paso del sistema. Ya no eres alguien que solo sabe qué es XRP en teoría. Ahora sabes cómo adquirirlo de forma segura, consciente y sin errores de principiante.

Pero tu XRP todavía está en un exchange. Y como has aprendido, eso es temporal. Es como tener dinero en efectivo en el mostrador de un banco: está ahí, pero no está protegido como debería.

El siguiente paso es aprender a mover ese XRP a un lugar donde solo tú tengas control total. Un lugar donde nadie, ni siquiera el exchange más confiable del mundo, pueda tocarlo sin tu permiso.

Es momento de hablar de wallets. Tu fortaleza personal.

Continúa con el Capítulo 3: Tu Fortaleza Personal – Wallets y Protección Real

CAPÍTULO 3

TU FORTALEZA DIGITAL: WALLETS, AUTOCUSTODIA Y TRANSFERENCIAS SEGURAS

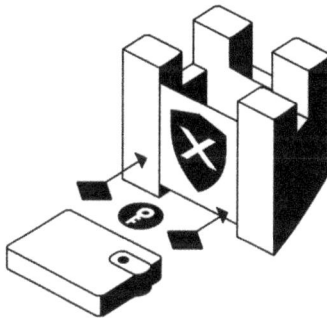

T ienes XRP en un exchange. Lo compraste siguiendo todos los pasos correctos. Activaste 2FA. Usaste una plataforma confiable. Verificaste tu balance. Todo parece estar en orden.

Pero hay un problema: tus XRP no están realmente seguros todavía.

No porque hayas hecho algo mal. Sino porque están en un lugar que no fue diseñado para almacenamiento a largo plazo. Un lugar donde tú no tienes control real sobre ellos.

Este capítulo existe para cambiar eso. Para enseñarte a tomar posesión real de tus XRP y protegerlos de una forma que ningún exchange, por confiable que sea, puede igualar.

Al final de estas páginas, tus XRP estarán donde deben estar: bajo tu control absoluto, en una fortaleza digital que solo tú puedes abrir.

PARTE 1: "NOT YOUR KEYS, NOT YOUR COINS" – POR QUÉ UN EXCHANGE NO ES UN BANCO

La ilusión de propiedad

Cuando ves tu balance en el exchange mostrando "500 XRP", tu cerebro interpreta: "Tengo 500 XRP". Es natural. Ves números en una pantalla asociados a tu cuenta. Se siente como tener dinero en el banco.

Pero existe una diferencia fundamental entre tener dinero en un banco y tener criptomonedas en un exchange.

Cuando depositas dinero en un banco, ese dinero está protegido por regulaciones gubernamentales. En España, el Fondo de Garantía de Depósitos protege hasta 100.000 euros por titular y entidad. Si tu banco quiebra, recuperas tu dinero (hasta ese límite). Hay un respaldo institucional.

Cuando tienes criptomonedas en un exchange, legalmente estás en una posición muy diferente. No eres dueño directo de esos XRP. Eres acreedor del exchange. Ellos te deben esos XRP. Es una promesa, no una posesión.

La diferencia se vuelve dolorosamente clara cuando algo sale mal.

Custodia de terceros es cuando otra entidad controla tus activos. Tú confías en ellos para devolverlos cuando lo solicites. El exchange tiene las claves privadas de las wallets donde están todos los XRP de todos los usuarios, mezclados juntos. Tú tienes un registro en su base de datos diciendo "este usuario tiene X cantidad".

Autocustodia es cuando tú, y solo tú, controlas las claves privadas que dan acceso a tus activos. No dependes de nadie para moverlos, protegerlos o acceder a ellos.

Piénsalo con esta analogía:

Dinero en un exchange es como dejar dinero en efectivo en la caja fuerte de un amigo. Confías en que te lo devolverá cuando lo pidas.

Probablemente lo hará. Pero si su casa se incendia, si lo roban, si tiene problemas financieros y lo usa, o si simplemente decide no devolvértelo... no tienes control real.

Dinero en tu propia wallet es como tener el dinero en tu propia caja fuerte, en tu casa, con una cerradura que solo tú conoces. Nadie puede acceder a él sin tu permiso. Los problemas de otros no te afectan. Pero la responsabilidad de protegerlo es completamente tuya.

Casos históricos (sin alarmismo, pero con realismo)

No te cuento esto para asustarte. Te lo cuento para que entiendas por qué la comunidad cripto repite constantemente: "Not your keys, not your coins" (Si no tienes las claves, no tienes las monedas).

Mt. Gox (2014): En su momento, el exchange más grande del mundo. Manejaba el 70% del volumen de Bitcoin global. Fue hackeado durante años sin que nadie lo supiera. Cuando colapsó, 850.000 Bitcoins desaparecieron. Miles de usuarios perdieron todo. Muchos siguen esperando recuperar algo después de una década.

QuadrigaCX (2019): Exchange canadiense respetado. Su fundador murió repentinamente durante un viaje. Problema: solo él tenía acceso a las claves privadas de las wallets frías donde estaban los fondos de usuarios. 190 millones de dólares quedaron inaccesibles para siempre.

FTX (2022): El tercer exchange más grande del mundo. Valorado en más de 30 mil millones de dólares. Con celebridades como embajadores. Regulado. Auditado. Colapsó en menos de una semana cuando se descubrió fraude masivo. Miles de millones de dólares de usuarios atrapados, probablemente perdidos para siempre.

¿Cuál es el patrón?

No importa el tamaño. No importa la reputación. No importa las promesas. Cuando tus fondos están en custodia de otro, tu seguridad depende de su competencia, su honestidad, su suerte y su supervivencia corporativa.

Y aquí está la realidad más dura: cuando un exchange tiene problemas, tú no eres el primero en la fila para recuperar tus fondos. Eres parte de un proceso legal que puede durar años. Mientras tanto, tu dinero está congelado o perdido.

La autocustodia no es paranoia, es responsabilidad

Después de leer lo anterior, podrías pensar: "Entonces no debería confiar en ningún exchange".

No exactamente. Los exchanges son herramientas útiles y necesarias para comprar criptomonedas. No puedes evitarlos completamente si quieres convertir euros en XRP.

El mensaje correcto es: **usa exchanges para lo que fueron diseñados (comprar/vender), pero no para lo que no fueron diseñados (almacenamiento a largo plazo).**

Es como usar un aeropuerto. Necesitas pasar por él para volar. Pero no vives en el aeropuerto. Entras, completas tu transacción (el vuelo), y sales.

La autocustodia no es paranoia de extremistas. Es simplemente tomar responsabilidad sobre tus propios activos. Es el equivalente digital de tener tu dinero en tu casa en lugar de dejarlo perpetuamente en el mostrador de una oficina de cambio.

Y aquí está la parte hermosa: con las criptomonedas, la autocustodia no solo es posible, es relativamente fácil. No necesitas ser ingeniero ni experto en seguridad. Solo necesitas entender unos conceptos básicos y seguir un proceso claro.

Que es exactamente lo que vamos a hacer ahora.

PARTE 2: EL CONCEPTO DE AUTOCUSTODIA – TU VERDADERO CONTROL

Qué significa realmente controlar tus claves

En el mundo de las criptomonedas, todo se reduce a dos elementos:

Clave pública (dirección): Es como tu número de cuenta bancaria. Puedes compartirla con quien quieras. Otros la usan para enviarte XRP. No hay peligro en que sea pública.

Clave privada: Es como la contraseña que permite mover dinero de esa cuenta. Quien tenga esta clave tiene control total sobre los fondos. Puede hacer lo que quiera con ellos.

La autocustodia significa que tú, y solo tú, posees y controlas la clave privada asociada a tu dirección XRP.

Cuando tus XRP están en un exchange, el exchange tiene la clave privada. Tú tienes un usuario y contraseña para acceder a su sistema, pero no tienes la clave privada de la wallet blockchain donde realmente están los XRP.

Cuando tus XRP están en tu propia wallet, tú tienes la clave privada. Nadie más puede mover esos fondos. Ni el gobierno. Ni un hacker que comprometa un exchange. Ni siquiera la empresa que fabricó tu dispositivo wallet.

Esto es poder real. Pero también es responsabilidad real.

La frase semilla: tu llave maestra

Las claves privadas son cadenas largas de caracteres aleatorios imposibles de recordar. Algo como: E9873D79C6D87DC0FB6A5778633389-F4453213303DA61F20BD67FC233AA33262

Memorizar eso es imposible. Copiarlo correctamente es propenso a errores.

Por eso se inventó algo mejor: la **frase semilla** (también llamada seed phrase, frase de recuperación, o palabras mnemónicas).

Una frase semilla es una secuencia de 12, 18 o 24 palabras en inglés (generalmente), que representa tu clave privada de forma legible para humanos.

Ejemplo (ficticio):

apple forest mountain river cloud sunset tower garden bridge castle ocean summer

Esta frase se genera de forma aleatoria cuando creas una wallet nueva. A partir de estas palabras, la wallet puede calcular matemáticamente tu clave privada y, por tanto, controlar tus fondos.

Punto crítico que debes grabar en tu mente:

Quien tenga tu frase semilla, tiene tus fondos. Completamente. Sin excepción. Sin reverso posible.

Si alguien consigue tu frase semilla, puede:

- Acceder a todos tus fondos
- Transferirlos a otra dirección
- Hacerlo desde cualquier parte del mundo
- Hacerlo sin que puedas impedirlo

Y no hay forma de deshacer esto. No hay "Banco Central de Cripto-monedas" al que llamar. No hay botón de "cancelar transacción". Los fondos se habrán ido para siempre.

Por otro lado, si tú pierdes tu frase semilla y también pierdes acceso a tu wallet, tus fondos quedan inaccesibles para siempre. Incluido para ti mismo.

La frase semilla es simultáneamente:

- Tu única forma de recuperar acceso si pierdes tu dispositivo
- El único punto de vulnerabilidad que debes proteger absolutamente

Riesgos de guardarla digitalmente

Ahora que entiendes que tu frase semilla es literalmente la llave de tus fondos, hablemos de cómo NO guardarla.

Nunca hagas una foto de tu frase semilla.

¿Por qué? Porque esa foto se sincroniza automáticamente con la nube en la mayoría de teléfonos modernos (iCloud, Google Photos). Ahora tu frase semilla está en servidores de Apple o Google. Si esas cuentas son comprometidas, tus fondos están comprometidos.

Nunca la escribas en un documento digital.

No en Word. No en Google Docs. No en Notes. No en un email a ti mismo "para recordarla". Los documentos digitales son vulnerables a:

- Malware en tu ordenador
- Brechas de seguridad en servicios de nube
- Backups automáticos a ubicaciones inseguras

Nunca la guardes en un gestor de contraseñas.

Aunque los gestores de contraseñas son excelentes para contraseñas normales, tu frase semilla no es una contraseña normal. Es tu dinero literal. Si el gestor es comprometido o la empresa tiene una brecha, tus fondos desaparecen.

Nunca la envíes por mensaje, email o chat.

Ni siquiera a ti mismo "temporalmente". Los mensajes quedan registrados en servidores. Los emails permanecen en bandejas de entrada. Los chats se sincronizan entre dispositivos. Estás dejando copias de tu llave maestra por todo el mundo digital.

Nunca la compartas con nadie. Jamás. Sin excepciones.

No hay escenario legítimo donde alguien necesite tu frase semilla. Ningún soporte técnico. Ningún exchange. Ningún familiar "para ayudarte". Si alguien te la pide, es una estafa. Sin excepciones.

Buenas prácticas: cómo proteger tu frase semilla correctamente

Escríbela en papel, con bolígrafo.

Sí, papel físico. Suena anticuado, pero es el método más seguro para la mayoría de personas.

- Usa bolígrafo (no lápiz, que se borra)
- Letra clara y legible
- Verifica dos veces que cada palabra está correcta y en el orden correcto
- Las palabras vienen de una lista estándar de 2048 palabras, así que si escribiste "apple" y era "apply", tu wallet no funcionará

Haz al menos dos copias.

¿Por qué? Porque el papel puede perderse, quemarse, inundarse, o simplemente extraviarse durante una mudanza.

Guarda las copias en lugares diferentes pero seguros:

- Una en tu casa (no en un lugar obvio)
- Otra en casa de un familiar de confianza, en un sobre sellado

- O en una caja de seguridad bancaria (ironías aparte, los bancos son buenos custodiando papeles)

No seas obvio.

No etiquetes el papel "FRASE SEMILLA DE CRIPTO - ¡IMPOR-TANTE!". Si alguien encuentra ese papel, sabrá inmediatamente qué es.

Tampoco uses algo tan críptico que ni tú mismo recuerdes qué es dentro de 5 años.

Un equilibrio: guárdalo con otros documentos importantes (escrituras, testamentos), donde tiene sentido que haya papeles valiosos pero no está señalizado como "robarme aquí".

Considera soluciones más avanzadas para cantidades muy grandes.

Si tienes decenas de miles de euros en cripto, considera:

- Placas metálicas de respaldo (resistentes a fuego e inundaciones)
- División de la frase semilla (guardar palabras 1-12 en un lugar y 13-24 en otro)
- Testamento indicando ubicación para herederos

Pero para empezar, papel en dos ubicaciones seguras es más que suficiente.

Revisa periódicamente.

Una vez al año, verifica que tus copias en papel siguen legibles y accesibles. No esperes 10 años y descubrir que la tinta se borró o no recuerdas dónde las pusiste.

PARTE 3: EL GUARDIÁN DE TU RIQUEZA – ELEGIR TU PRIMERA WALLET

3.1 Software Wallets (Hot Wallets)

Una software wallet, o "hot wallet" (wallet caliente), es una aplicación que instalas en tu ordenador o móvil. La clave privada se genera y almacena en ese dispositivo.

Ejemplos comunes:

- XUMM (muy popular para XRP)
- Trust Wallet
- Exodus
- Atomic Wallet

Ventajas:

Gratuitas: No pagas nada por descargar y usar la aplicación.

Fáciles de usar: Interfaces intuitivas, pensadas para principiantes. Puedes enviar y recibir XRP con pocos clics.

Acceso inmediato: Siempre que tengas tu teléfono o ordenador, puedes acceder a tus fondos.

Desventajas:

Conectadas a internet: Tu clave privada está en un dispositivo que se conecta a internet regularmente. Esto crea superficie de ataque para malware, hackers, o virus.

Vulnerables a compromiso del dispositivo: Si tu teléfono u ordenador es infectado con malware diseñado para robar criptomonedas, tu wallet puede ser comprometida.

Dependientes del dispositivo: Si pierdes el teléfono sin haber guardado tu frase semilla, pierdes acceso a tus fondos.

¿Cuándo usar una hot wallet?

- Para cantidades pequeñas que usas regularmente
- Como "wallet de gastos" (equivalente a la cartera que llevas en el bolsillo)
- Cuando estás empezando y quieres familiarizarte con el concepto antes de invertir en hardware

Para inversiones a largo plazo de cantidades significativas, las hot wallets no son recomendables.

3.2 Hardware Wallets (Cold Wallets)

Una hardware wallet, o "cold wallet" (wallet fría), es un dispositivo físico dedicado exclusivamente a almacenar criptomonedas de forma segura.

Piensa en ella como una pequeña caja fuerte USB. Tu clave privada se genera dentro del dispositivo y nunca lo abandona. Cuando necesitas firmar una transacción, el dispositivo la firma internamente y envía solo la transacción firmada, no la clave privada.

Ejemplos principales:

- Ledger (modelos Nano S Plus, Nano X)
- Trezor (modelos One, Model T)
- Tangem (tarjetas wallet)

Ventajas:

Máxima seguridad disponible para usuarios comunes: Tu clave privada nunca toca un dispositivo conectado a internet. Esto elimina la mayoría de vectores de ataque digital.

Protección contra malware: Incluso si tu ordenador está infectado, el malware no puede extraer tu clave privada del hardware wallet.

Diseñadas específicamente para este propósito: No son dispositivos de uso general adaptados. Son herramientas construidas desde cero para proteger criptomonedas.

Portables y resistentes: Pequeñas, fáciles de guardar de forma segura, generalmente resistentes a daños físicos menores.

Desventajas:

Tienen costo: Generalmente entre 50-150 euros dependiendo del modelo. Para alguien invirtiendo 500 euros, puede parecer un gasto alto. Pero es un seguro único que protege tu inversión para siempre.

Curva de aprendizaje leve: No es difícil, pero requiere familiarizarse con el proceso de configuración y uso. Este capítulo eliminará esa barrera.

No son instantáneas: Necesitas conectar el dispositivo físicamente a tu ordenador o teléfono cuando quieras hacer transacciones. Para inversiones a largo plazo, esto es irrelevante.

¿Cuándo usar una hardware wallet?

Para cualquier cantidad de criptomonedas que consideres "inversión seria" y no planeas mover frecuentemente.

Si invertiste 1.000 euros o más en XRP, una hardware wallet de 70 euros es el 7% de tu inversión. Es un precio insignificante por la tranquilidad de saber que tu dinero está protegido con el más alto estándar disponible para usuarios comunes.

Recomendación clara: Si vas en serio con tu inversión en XRP, una hardware wallet no es opcional. Es esencial.

3.3 Comparativa práctica

Veamos las opciones principales de hardware wallets, analizadas específicamente para alguien invirtiendo en XRP.

Ledger (Nano S Plus / Nano X)

Facilidad para principiantes: Alta. Interfaz clara, documentación extensa, proceso guiado paso a paso.

Seguridad: Excelente. Chip seguro certificado (similar a los de tarjetas de crédito), código parcialmente open source.

Precio: Nano S Plus ~80 euros, Nano X ~150 euros.

Compatibilidad con XRP: Total. Soporta XRP de forma nativa mediante su aplicación Ledger Live.

Consideraciones: Ledger ha tenido brechas de datos de clientes (emails, direcciones) en el pasado, pero ninguna relacionada con robo de fondos. Sus dispositivos siguen siendo seguros.

Ideal para: Principiantes que quieren la solución más establecida y con mayor soporte comunitario.

Trezor (Model One / Model T)

Facilidad para principiantes: Alta. Interfaz muy intuitiva, excelente documentación.

Seguridad: Excelente. Código completamente open source (puedes verificar que no hay puertas traseras), sin chip seguro propietario.

Precio: Model One ~70 euros, Model T ~200 euros.

Compatibilidad con XRP: Total, pero requiere usar la wallet de terceros (como XUMM o Exodus) en conjunto, no tiene aplicación nativa propia para XRP.

Consideraciones: La falta de chip seguro dedicado es vista por algunos como ventaja (más transparencia) y por otros como desventaja (teóricamente vulnerable a ataques físicos avanzados). En la práctica, para usuarios comunes, es irrelevante.

Ideal para: Usuarios que valoran código abierto y transparencia total.

Tangem

Facilidad para principiantes: Muy alta. No tiene pantalla ni botones. Funciona con NFC y tu teléfono móvil. Proceso extremadamente simple.

Seguridad: Alta. Las claves se generan y almacenan en la tarjeta mediante chip certificado, nunca salen.

Precio: ~50-60 euros por un pack de 2-3 tarjetas.

Compatibilidad con XRP: Total, mediante su aplicación móvil.

Consideraciones: Al no tener pantalla, dependes de tu teléfono para ver transacciones antes de confirmarlas. Esto introduce un pequeño vector de ataque teórico (malware en el teléfono mostrando dirección falsa). En la práctica, sigue siendo muy seguro.

Ideal para: Principiantes absolutos que quieren la máxima simplicidad y no les importa depender de su móvil para usar la wallet.

Entonces, ¿cuál elegir?

Si priorizas simplicidad absoluta: Tangem.

Si quieres el estándar más establecido con mayor comunidad: Ledger Nano S Plus.

Si valoras transparencia total de código: Trezor Model One.

Si tienes presupuesto amplio y quieres conectividad Bluetooth (para usar sin cable): Ledger Nano X.

No existe respuesta incorrecta entre estas opciones. Todas son infinitamente mejores que dejar tus fondos en un exchange o en una hot wallet para cantidades significativas.

Para este libro, usaré ejemplos con Ledger en las secciones prácticas porque es la opción más común y con mejor documentación, pero los conceptos aplican a todas.

PARTE 4: ¡PELIGRO! CÓMO COMPRAR UNA WALLET DE FORMA SEGURA

Antes de avanzar al proceso de configuración, necesito advertirte sobre un error que ha costado a miles de personas todos sus fondos.

Regla de oro absoluta: Compra SIEMPRE directamente del fabricante oficial.

Esto significa:

- Sitio web oficial del fabricante (Ledger.com, Trezor.io, Tangem.com)
- Tiendas autorizadas explícitamente listadas por el fabricante
- Nunca Amazon
- Nunca eBay
- Nunca Wallapop, Facebook Marketplace, o similares
- Nunca de segunda mano

¿Por qué es esto tan crítico?

Porque dispositivos hardware wallet pueden ser manipulados antes de llegar a ti.

El ataque funciona así:

1. Un criminal compra una hardware wallet legítima
2. La abre cuidadosamente
3. Modifica el firmware o incluye una frase semilla pre-generada
4. La re-empaqueta para que parezca nueva
5. La vende como "nuevo" en Amazon o eBay, generalmente con descuento
6. Tú la compras, pensando que conseguiste buen precio
7. Configuras la wallet sin saber que está comprometida
8. Transfieres tus XRP
9. Días o semanas después, tus fondos desaparecen

El criminal tenía acceso desde el principio porque controló la generación de tu frase semilla.

Casos reales documentados:

Múltiples usuarios en Reddit y foros han reportado exactamente este escenario. Compraron Ledger en Amazon de vendedor "con buenas críticas". Meses después, todos sus fondos desaparecieron. Investigaciones posteriores revelaron que los dispositivos habían sido manipulados.

Pero Amazon tiene devoluciones...

No importa. El riesgo no vale ningún descuento. Estamos hablando de proteger potencialmente miles o decenas de miles de euros. Ahorrar 10-20 euros comprando en Amazon no tiene sentido.

¿Y si el fabricante oficial está fuera de stock?

Esperas. Así de simple. Hardware wallets se reabastecen regularmente. Vale la pena esperar dos semanas más que arriesgar todo.

Señales de alerta cuando recibes tu dispositivo:

- El empaquetado está abierto o dañado
- Incluye una tarjeta con una frase semilla ya escrita (¡ENORME señal de alarma!)
- El dispositivo pide introducir una frase semilla en lugar de generar una nueva
- El sellado de seguridad está roto o ausente

Si observas cualquiera de estas señales, no uses el dispositivo. Contacta inmediatamente al vendedor y al fabricante.

Mensaje final sobre este punto:

Sé que suena paranoico. Pero esta precaución es no negociable. Comprar hardware wallets de fuentes no oficiales es jugar a la ruleta rusa con tus fondos. No lo hagas nunca. El pequeño ahorro potencial no vale el riesgo masivo.

PARTE 5: LA TRANSFERENCIA MAESTRA – DE EXCHANGE A WALLET FRÍA, PASO A PASO

Has elegido tu hardware wallet. La compraste del fabricante oficial. Llegó a tu casa. Ahora viene el momento decisivo: configurarla y transferir tus XRP del exchange a tu fortaleza personal.

Vamos a hacer esto juntos, con calma y claridad absoluta.

5.1 La frase semilla (recordatorio crítico antes de empezar)

Antes de abrir la caja de tu hardware wallet, recuerda:

- La frase semilla que vas a generar vale más que el dispositivo
- El dispositivo puede reemplazarse; la frase semilla no
- Vas a escribirla en papel inmediatamente
- Nunca la fotografiarás
- Nunca la compartirás con nadie
- La guardarás en dos ubicaciones seguras

Prepara ahora:

- Dos hojas de papel en blanco
- Un bolígrafo que funcione bien
- Un lugar tranquilo sin interrupciones
- 30-45 minutos de tiempo dedicado

5.2 Configuración inicial de la wallet

Voy a usar Ledger como ejemplo, pero el proceso es similar en todas las hardware wallets.

Paso 1: Unboxing y verificación

Abre la caja. Verifica que:

- El sellado de seguridad esté intacto
- El dispositivo esté nuevo, sin señales de uso
- Incluya cable USB oficial
- NO incluya una tarjeta con frase semilla pre-escrita (si la hay, dispositivo comprometido)

Paso 2: Conectar y encender

Conecta el dispositivo a tu ordenador mediante el cable incluido.

El dispositivo se encenderá automáticamente y mostrará instrucciones en pantalla.

Paso 3: Instalar aplicación del fabricante

Descarga Ledger Live (o la aplicación correspondiente de tu wallet) desde el sitio oficial.

Instala la aplicación en tu ordenador.

Abre la aplicación. Te guiará a través del proceso de configuración.

Paso 4: Seleccionar "Configurar como nuevo dispositivo"

El dispositivo preguntará si quieres:

- Configurar como nuevo dispositivo
- Restaurar desde frase semilla existente

Elige "Configurar como nuevo dispositivo" (setup as new device).

Paso 5: Crear PIN

El dispositivo te pedirá crear un PIN de 4-8 dígitos.

Este PIN desbloquea el dispositivo físicamente. No es tu frase semilla.

Elige un PIN que recuerdes pero que no sea obvio (no 1234, no tu año de nacimiento).

Si introduces el PIN incorrectamente 3 veces, el dispositivo se borra por seguridad.

Paso 6: Generar y anotar la frase semilla

Ahora viene el momento más importante.

El dispositivo generará una frase semilla de 24 palabras (algunos modelos usan 12).

Te mostrará cada palabra una por una en la pantalla.

Proceso:

1. Toma tu primera hoja de papel
2. Numera del 1 al 24
3. El dispositivo muestra Palabra 1: "ocean"
4. Escríbela claramente: "1. ocean"
5. Presiona el botón para continuar
6. Repite para las 24 palabras

Después de escribir todas las palabras:

1. El dispositivo te pedirá verificar
2. Te mostrará "Palabra 7: ¿cuál es?" y opciones
3. Consulta tu papel y selecciona la correcta
4. Repite para 2-3 palabras aleatorias como verificación

Inmediatamente después:

1. Toma tu segunda hoja de papel
2. Copia las 24 palabras nuevamente
3. Verifica que ambas copias sean idénticas
4. Guarda las hojas en ubicaciones diferentes (no juntas)

5.3 Instalar la aplicación XRP en tu dispositivo

Una vez que la frase semilla está guardada y el dispositivo configurado:

En Ledger Live:

1. Ve a "Manager"
2. Busca "XRP" en la lista de aplicaciones
3. Haz clic en "Install"
4. El dispositivo descargará e instalará la app XRP (tarda ~30 segundos)

Crear tu cuenta XRP:

1. En Ledger Live, ve a "Accounts"
2. Haz clic en "Add account"
3. Selecciona "XRP"
4. Sigue las instrucciones (requiere que el dispositivo esté conectado y desbloqueado)
5. La aplicación generará tu dirección XRP

Anota tu dirección XRP. Se verá algo como: rN7n7otQDd6FczFgLd-KqWDgUHB4QQxHE3

Esta es tu dirección pública. Puedes compartirla con quien quieras para recibir XRP.

5.4 La transferencia de prueba (absolutamente esencial)

Nunca, jamás, bajo ninguna circunstancia, transfieras toda tu cantidad de XRP en la primera transacción a una wallet nueva.

Siempre haz una transferencia de prueba pequeña primero.

Por qué:

- Para verificar que la dirección es correcta
- Para familiarizarte con el proceso sin ansiedad
- Para confirmar que todo funciona antes de mover cantidades grandes
- Para entender cómo se ven las transacciones en un explorador de bloques

El proceso:

1. Entender la reserva mínima de XRP:

XRP requiere una reserva mínima en cada wallet para que esté activa. Actualmente, son 10 XRP.

Estos 10 XRP quedan "bloqueados" mientras la wallet está activa. No puedes usarlos ni transferirlos.

Esto significa que si envías exactamente 10 XRP a tu nueva wallet, verás 10 XRP pero 0 disponibles. Necesitas enviar más de 10 para que haya saldo utilizable.

Para tu transferencia de prueba, envía 15-20 XRP (10 de reserva + 5-10 utilizables).

2. En el exchange:

- Ve a la sección "Withdraw" o "Retirar"
- Selecciona XRP

- Introduce tu dirección de hardware wallet (cópiala directamente desde Ledger Live)
- **VERIFICA TRES VECES QUE LA DIRECCIÓN SEA CORRECTA**
- Introduce la cantidad: 15 XRP (como prueba)
- El exchange puede pedir tu código 2FA
- Confirma el retiro

3. Esperar:

La transferencia generalmente tarda 30 segundos a 5 minutos.

El exchange enviará un email de confirmación.

4. Verificar:

Ve a un explorador de bloques de XRP como:

- xrpscan.com
- bithomp.com

Introduce tu dirección XRP.

Verás:

- Tu balance (deberían aparecer los 15 XRP enviados)
- El historial de transacciones mostrando el depósito

También puedes ver el balance directamente en Ledger Live. Se actualizará automáticamente.

5. Celebrar (con calma):

Si ves los 15 XRP en tu wallet, ¡el sistema funciona!

Has completado exitosamente tu primera transferencia a auto-custodia.

Ahora, espera 24 horas. Vuelve a verificar que los fondos siguen ahí. Esto calma cualquier ansiedad residual y te acostumbra a que "no ver tu dinero constantemente en una app" no significa que haya desaparecido.

5.5 Verificación y transferencia final

Después de 24 horas y confirmar que tu transferencia de prueba fue exitosa:

Transfiere el resto de tus XRP:

1. Repite el mismo proceso
2. Retira los XRP restantes del exchange a tu hardware wallet
3. Verifica nuevamente en el explorador de bloques
4. Confirma en Ledger Live

Una vez que todos tus XRP están en tu hardware wallet:

- Ya no dependes del exchange
- Tus fondos están bajo tu control exclusivo
- Nadie puede congelar tu cuenta
- Nadie puede confiscar tus XRP
- Ningún hackeo de exchange te afecta

Mantenimiento periódico:

- Una vez al mes, conecta tu hardware wallet y verifica que todo funciona
- Una vez al año, verifica que tus copias de frase semilla están legibles
- Actualiza el firmware del dispositivo cuando el fabricante lo recomiende (hacerlo desde la aplicación oficial)

PARTE 6: RESUMEN Y CHECKLIST DE SEGURIDAD

6.1 Resumen del capítulo

Has completado la transformación más importante de tu viaje con XRP: de dependencia a independencia, de custodia ajena a auto-custodia.

"Not your keys, not your coins" no es un slogan vacío. Es la diferencia entre tener un registro en la base de datos de alguien más y poseer realmente un activo digital.

Los exchanges no son bancos. No tienen las mismas protecciones. Son lugares de paso, no de almacenamiento. Usarlos para comprar está bien. Confiarles tu inversión a largo plazo no lo está.

La frase semilla es tu llave maestra. Vale más que el dispositivo, más que cualquier contraseña. Protegerla offline, en papel, en dos ubicaciones, no es paranoia. Es responsabilidad básica.

Hardware wallets no son lujo, son necesidad. Para cualquier cantidad que consideres inversión seria, una hardware wallet de 50-150 euros es un seguro insignificante comparado con el valor que protege.

Las transferencias de prueba eliminan el miedo. Nunca muevas todo de golpe. Empieza pequeño, verifica que funciona, luego transfiere con confianza.

La autocustodia te da poder real. Pero con poder viene responsabilidad. Ya no puedes llamar a "soporte" si pierdes tu frase semilla. Eres tu propio banco. Actúa en consecuencia.

6.2 Checklist de seguridad

Antes de considerar que has completado este capítulo de forma segura, verifica cada uno de estos puntos:

Configuración de hardware wallet:

☐ Compré mi hardware wallet directamente del fabricante oficial o distribuidor autorizado listado

☐ Verifiqué que el empaquetado estaba sellado y sin signos de manipulación

☐ El dispositivo NO incluía ninguna frase semilla pre-escrita

☐ Generé una frase semilla nueva durante la configuración inicial

☐ Creé un PIN que puedo recordar pero que no es obvio

Protección de frase semilla:

☐ Escribí mi frase semilla completa en papel (no digital, no foto)

☐ Verifiqué que cada palabra está escrita correctamente y en el orden correcto

☐ Hice una segunda copia independiente de mi frase semilla

□ Guardé ambas copias en ubicaciones físicas diferentes y seguras

□ NO fotografié mi frase semilla con ningún dispositivo

□ NO guardé mi frase semilla en ningún formato digital (cloud, documento email)

□ NO compartí mi frase semilla con nadie (ni siquiera familiares "para ayudar")

Configuración de cuenta XRP:

□ Instalé la aplicación oficial del fabricante de mi wallet

□ Instalé la aplicación XRP en mi hardware wallet

□ Generé mi dirección XRP desde el dispositivo

□ Entiendo que necesito mantener mínimo 10 XRP de reserva en la wallet

Transferencia segura:

□ Hice una transferencia de prueba pequeña primero (15-20 XRP)

□ Verifiqué la transacción en un explorador de bloques

□ Esperé 24 horas y confirmé que los fondos siguen ahí

□ Transferí el resto de mis XRP del exchange a mi hardware wallet

□ Verifiqué que todos mis XRP llegaron correctamente

Post-transferencia:

□ Desconecté mi hardware wallet y la guardé en lugar seguro

□ Eliminé cualquier saldo residual insignificante del exchange (o cerré la cuenta)

□ Anoté dónde guardé físicamente mi hardware wallet

□ Anoté dónde guardé mis dos copias de frase semilla

□ Entiendo que soy el único responsable de proteger mis fondos

Seguridad continua:

□ No revelaré públicamente cuántos XRP poseo

□ No responderé a mensajes de "soporte técnico" no solicitados

□ Actualizaré el firmware de mi wallet cuando el fabricante lo recomiende

□ Verificaré una vez al año que mis copias de frase semilla están legibles

□ Si cambio de residencia, actualizaré las ubicaciones de mis respaldos

· · ·

Has recorrido el camino completo desde comprar XRP en un exchange hasta protegerlos en tu propia fortaleza digital.

Tus XRP ahora están donde deben estar: bajo tu control absoluto.

Nadie puede congelarlos. Nadie puede confiscarlos. Ningún exchange colapsando puede afectarte. Has eliminado el riesgo de custodia de terceros.

Pero ahora que tus fondos están seguros, surge la pregunta natural: ¿y ahora qué? ¿Simplemente espero? ¿Cuánto tiempo? ¿Cuándo considero vender? ¿Cómo sé si estoy tomando buenas decisiones?

La seguridad técnica está resuelta. Ahora necesitamos hablar de estrategia emocional y financiera. Porque proteger tus XRP de hackers es importante, pero proteger tu inversión de tus propias emociones y decisiones impulsivas es igual de crítico.

Es momento de construir tu plan a largo plazo.

Continúa con el Capítulo 4: Tu Estrategia de Largo Plazo – El Plan que Vence al Pánico

CAPÍTULO 4

EL ESCUDO: TU GUÍA COMPLETA DE SUPERVIVENCIA ANTI-ESTAFAS

ienes tus XRP. Los compraste de forma segura. Los trasladaste a tu hardware wallet. Has seguido cada paso correctamente.

Ahora eres un objetivo.

No porque hayas hecho algo mal. Al contrario. Precisamente porque hiciste todo bien y ahora posees un activo valioso, eres exactamente el tipo de persona que los estafadores buscan.

Este capítulo no existe para asustarte. Existe para blindarte. Para que reconozcas las trampas antes de caer en ellas. Para que desarrolles el instinto que separa a quienes protegen sus inversiones de quienes las pierden por un momento de distracción.

Al final de este capítulo, no serás paranoico. Serás consciente. Y esa consciencia vale tanto como cualquier hardware wallet.

PARTE 1: LA PSICOLOGÍA DEL ESTAFADOR – POR QUÉ LA GENTE INTELIGENTE TAMBIÉN CAE

Las estafas no atacan tu inteligencia

Existe un mito peligroso: "Las estafas solo funcionan con gente ingenua o poco educada".

Es completamente falso.

Ingenieros de software han perdido cientos de miles en estafas cripto. Abogados exitosos han caído en esquemas obvios en retrospectiva. Ejecutivos de empresas tecnológicas han compartido sus frases semilla con "soporte técnico" falso.

¿Por qué? Porque las estafas sofisticadas no atacan tu capacidad de razonamiento. Atacan tus emociones. Y todos tenemos emociones. Todos tenemos momentos de vulnerabilidad.

Los estafadores no son necesariamente más inteligentes que tú. Pero son especialistas en manipulación psicológica. Dedican su tiempo completo a perfeccionar técnicas que eluden tus defensas racionales.

Su trabajo es crear situaciones donde:

- Tu cerebro racional se desconecta temporalmente
- Tus emociones toman control de las decisiones
- El tiempo para pensar críticamente se elimina deliberadamente
- La presión social o la urgencia te empujan a actuar sin analizar

Entender esto no es admitir debilidad. Es reconocer que eres humano. Y que necesitas sistemas de defensa precisamente porque eres humano.

Las cuatro emociones que los estafadores explotan

1. Codicia

"Envía 100 XRP, recibe 1 000 XRP de vuelta. Solo por 24 horas."

Tu cerebro racional sabe que esto no tiene sentido. Nadie regala dinero así. Pero tu cerebro emocional piensa: "¿Y si es real? Si pierdo 100 pero gano 1.000... Es 10x mi inversión instantánea. Puedo arriesgar 100 para comprobarlo."

La codicia no es mala per se. Es natural querer que tu inversión crezca. El problema es cuando la posibilidad de ganancia extraordinaria cortocircuita tu capacidad de evaluar riesgos realisticamente.

Los estafadores saben exactamente qué cifras usar: no demasiado grandes (nadie cree que vas a ser millonario), pero sí lo suficientemente tentadoras (duplicar tu dinero, triplicarlo, 10x).

2. Miedo

"Tu cuenta ha sido comprometida. Haz clic aquí INMEDIATA-MENTE para verificar tu identidad o perderás acceso permanente."

El miedo activa tu respuesta de supervivencia. Cuando tienes miedo, tu cerebro prioriza acción rápida sobre pensamiento cuidadoso. Es un mecanismo evolutivo útil para escapar de depredadores, pero desastroso para decisiones financieras.

Estafadores crean escenarios de crisis artificial:

- "Tu wallet será bloqueada en 2 horas"
- "Actividad sospechosa detectada en tu cuenta"
- "Nueva regulación requiere verificación urgente"

Bajo miedo, haces clic sin pensar. Introduces información sin verificar. Actúas primero, cuestionas después.

3. Esperanza

"XRP llegará a $500 este año. Te perdiste Bitcoin, no te pierdas esto. Únete a nuestro grupo privado donde compartimos señales."

La esperanza de haber encontrado el atajo, el secreto, la información privilegiada que otros no tienen. La esperanza de finalmente "llegar a tiempo" a algo grande.

Esta emoción es particularmente peligrosa en el mundo cripto porque hay historias reales de gente que se enriqueció. Bitcoin realmente pasó de centavos a miles de dólares. Algunas personas realmente compraron a tiempo.

Los estafadores explotan estas historias reales para vender historias falsas. "Esto es como Bitcoin en 2010" se convierte en su frase gancho.

4. Ignorancia técnica

"Necesitamos verificar tu wallet mediante tu frase de recuperación para aplicar la actualización de seguridad."

Cuando no entiendes completamente cómo funciona algo, eres vulnerable a autoridades falsas que suenan convincentes.

Si no sabes que NADIE legítimo necesita tu frase semilla jamás, podrías pensar que un "técnico especializado" sí la necesita.

Si no entiendes cómo funcionan las transacciones blockchain, podrías creer que alguien puede "cancelar" o "recuperar" una transacción.

La ignorancia no es vergonzosa. Todos empezamos ignorantes en todo. El problema es cuando la ignorancia se combina con confianza excesiva en extraños que parecen saber más.

La regla de oro

Existe una regla simple que, si la sigues religiosamente, te protegerá del 80% de las estafas:

Si algo suena demasiado bueno para ser verdad, es porque no es verdad.

No hay atajos a la riqueza. No hay secretos que solo algunos conocen. No hay formas de duplicar tu dinero sin riesgo. No hay "última oportunidad" que aparezca cada semana.

Cuando algo promete resultados extraordinarios con esfuerzo mínimo, es mentira. Sin excepciones.

Esta regla es simple, pero aplicarla requiere disciplina emocional. Porque tu cerebro querrá creer. Querrá la excepción. Querrá pensar "pero esta vez podría ser diferente".

No lo es. Nunca lo es.

PARTE 2: LA GALERÍA DEL HORROR – LAS ESTAFAS MÁS COMUNES EN XRP

Vamos a recorrer las estafas más frecuentes que encuentran inversores de XRP. No las leas como curiosidad. Léelas como un manual de reconocimiento de patrones. Porque estas estafas se repiten constantemente, solo cambiando pequeños detalles superficiales.

2.1 Falsos Giveaways / Airdrops

Cómo funciona:

Estás en Twitter/X, YouTube o Telegram. Ves un post o video de lo que parece ser la cuenta oficial de Ripple, Brad Garlinghouse (CEO de Ripple), o un exchange conocido.

El mensaje dice algo como:

"¡Celebramos 10 años de Ripple! Estamos regalando 100 millones de XRP a la comunidad. Envía entre 1.000 y 100.000 XRP a esta dirección y te devolveremos el doble. Solo por 24 horas. Enlace: [link sospechoso]"

La cuenta tiene marca de verificación (comprada o hackeada). Los comentarios están llenos de gente "agradeciendo" por haber recibido sus XRP duplicados. Hay incluso "capturas de pantalla" de transacciones exitosas.

Qué promete:

Riqueza instantánea con riesgo mínimo. "Solo envía lo que puedas permitirte perder y lo recibirás duplicado."

Qué señal la delata:

- NADIE legítimo te pide enviar criptomonedas para recibir más
- Las cuentas verificadas reales nunca hacen giveaways así
- Los comentarios positivos son bots o cuentas falsas
- Hay urgencia artificial ("solo 24 horas", "últimas 100 plazas")
- El inglés suele tener errores sutiles
- La dirección de destino no aparece en ningún sitio oficial

Cómo evitarla:

Regla absoluta: **Nunca envíes criptomonedas a nadie que prometa devolverte más.** No importa quién parece ser. No importa cuántas verificaciones tenga. No importa cuántos comentarios positivos veas.

Los giveaways legítimos (que son extremadamente raros) funcionan al revés: tú no envías nada, ellos envían a ti si cumples ciertos requisitos.

Variante común:

Mismo esquema pero presentado como "airdrop exclusivo". Te piden conectar tu wallet a un sitio web para "reclamar tus tokens gratuitos". Al conectar, das permiso al sitio para vaciar tu wallet completa.

2.2 Falso Soporte Técnico

Cómo funciona:

Publicas en Reddit, Twitter o un foro que tienes un problema con tu wallet o exchange. Minutos después, recibes un mensaje directo:

"Hola, soy del equipo de soporte de [nombre del exchange/wallet]. Vi tu problema. Puedo ayudarte inmediatamente. ¿Podrías proporcionarme tu frase de recuperación para verificar tu cuenta?"

O una variante más sofisticada:

"Veo que tienes problemas sincronizando tu wallet. Es un error común. Necesito que valides tu wallet mediante este enlace [link] y completes el formulario de recuperación."

El "agente de soporte" es paciente, profesional, usa terminología correcta. Su perfil parece legítimo. Incluso puede tener un sitio web que imita perfectamente al oficial.

Qué promete:

Resolver tu problema rápidamente. Ayuda personalizada. Acceso a "especialistas".

Qué señal la delata:

- El contacto fue iniciado por ellos, no por ti
- Llegó vía mensaje directo no solicitado

- Piden tu frase semilla, claves privadas, o que conectes tu wallet a un sitio
- Usan urgencia: "Debes actuar rápido o perderás acceso permanente"
- Aunque el nombre parezca oficial, el usuario de la cuenta tiene ligeras diferencias (@LedgerSupport vs @Ledger_Support)

Cómo evitarla:

Regla absoluta: NADIE legítimo JAMÁS te pedirá tu frase semilla o claves privadas. NUNCA. SIN EXCEPCIONES.

No hay ningún escenario técnico, regulatorio o de seguridad donde un soporte legítimo necesite esta información. La frase semilla te da control absoluto sobre los fondos. Si ellos la tienen, no necesitan tu permiso para nada.

Proceso correcto cuando necesitas soporte:

1. Tú inicias contacto a través de canales oficiales (sitio web, email oficial)
2. El soporte te guía sin NUNCA pedir información sensible
3. Cualquier proceso de verificación usa métodos que no comprometen tus fondos

Si recibes mensaje directo no solicitado ofreciendo ayuda: **Ignora y bloquea. Siempre.**

2.3 Phishing por Email y SMS

Cómo funciona:

Recibes un email o SMS que parece venir de tu exchange, tu hardware wallet, o incluso tu banco.

Ejemplos típicos:

"Estimado cliente de Binance, hemos detectado actividad sospechosa en tu cuenta. Haz clic aquí para verificar tu identidad en las próximas 2 horas o tu cuenta será suspendida permanentemente."

"Ledger: Actualización de seguridad crítica disponible. Descarga la actualización obligatoria aquí: [link]"

"Tu wallet XRP requiere verificación KYC por nuevas regulaciones. Completa el proceso aquí: [link]"

El email tiene el logo correcto. Los colores son idénticos. El formato es perfecto. El enlace parece legítimo a primera vista.

Haces clic. Llegas a un sitio que es una copia exacta del sitio oficial. Introduces tu usuario y contraseña. En ese momento, los estafadores tienen acceso a tu cuenta.

Qué promete:

Proteger tu cuenta. Cumplir con regulaciones. Acceder a nuevas funciones.

Qué señal la delata:

- El email llegó inesperadamente (tú no solicitaste nada)
- Hay urgencia extrema (2 horas, 24 horas, "inmediatamente")
- El enlace, al pasar el mouse por encima, muestra una URL diferente (binance-secure.com en lugar de binance.com)
- El email del remitente tiene pequeñas diferencias (support@binancee.com)
- Contiene errores gramaticales o traducciones extrañas
- Te amenaza con consecuencias graves si no actúas

Cómo evitarla:

Nunca hagas clic en enlaces de emails o SMS relacionados con criptomonedas.

Proceso correcto:

1. Recibes el email
2. NO haces clic en ningún enlace
3. Abres tu navegador
4. Escribes manualmente la URL oficial del servicio (o usas marcador guardado)
5. Inicias sesión normalmente
6. Verificas si hay alguna notificación real

Si el problema es real, aparecerá cuando inicies sesión por el método oficial. Si no aparece nada, el email era falso.

Consejo adicional: Guarda los sitios importantes como marcadores en tu navegador. Siempre accede a través de estos marcadores, nunca a través de enlaces en emails.

2.4 Wallets Falsas en App Stores

Cómo funciona:

Quieres descargar una wallet para XRP. Buscas "XRP wallet" en Google Play o App Store.

Aparecen múltiples resultados. Uno se llama "XUMM Wallet - XRP" con un logo similar al oficial. Tiene 4.5 estrellas y miles de descargas. Las reviews son positivas.

Descargas la app. Creas una nueva wallet. La app genera tu frase semilla. Transfieres tus XRP.

Días después, tus fondos desaparecen. La app era falsa. Los desarrolladores tenían acceso a todas las frases semilla generadas por la app.

Qué promete:

Una wallet legítima para gestionar tus XRP.

Qué señal la delata:

- El nombre del desarrollador es ligeramente diferente
- Las reviews, aunque positivas, son genéricas y repetitivas (probablemente bots)
- La fecha de publicación es muy reciente pero tiene "miles" de descargas
- La descripción tiene errores gramaticales
- No aparece listada en el sitio web oficial del proyecto XRP

Cómo evitarla:

Solo descarga apps de wallets desde enlaces oficiales del sitio web del proyecto.

Proceso correcto:

1. Ve al sitio web oficial (ejemplo: xumm.app para XUMM)
2. Busca la sección "Download" o "Get the App"
3. Haz clic en el enlace oficial a App Store o Google Play
4. Verifica que el desarrollador coincide exactamente con el oficial
5. Descarga solo desde ese enlace

Nunca busques wallets directamente en las tiendas de apps. Los resultados pueden estar contaminados con clones maliciosos.

2.5 Gurús de Telegram / Discord

Cómo funciona:

Entras a un grupo de Telegram o Discord sobre XRP. Hay miles de miembros. El ambiente es emocionante. Todos hablan de ganancias masivas.

Un "experto" con rol destacado publica:

"Acabo de recibir información privilegiada. XRP va a explotar en las próximas 48 horas. Únete a nuestro grupo VIP por solo 0.1 BTC y recibe señales en tiempo real. Los últimos miembros ganaron 300% en un mes."

Compartes tus dudas. Inmediatamente, múltiples usuarios "reales" comentan confirmando que el grupo vale la pena, que ellos han ganado mucho dinero, que el admin es confiable.

Pagas la membresía. Las "señales" que recibes son vagas o inútiles. O peor: te dicen que compres tokens oscuros justo antes de que su precio colapse (porque ellos y sus cómplices ya compraron antes y están vendiendo a los miembros).

Qué promete:

Información privilegiada. Acceso a "señales" que te harán ganar dinero fácilmente. Comunidad de "ganadores".

Qué señal la delata:

- Piden pago por "señales" o "información privilegiada"
- Prometen porcentajes específicos de ganancia ("300% garantizado")

- Crean urgencia ("últimas 10 plazas", "precio sube mañana")
- Los testimonios son demasiado perfectos y similares entre sí
- No puedes verificar independientemente las ganancias reclamadas
- Te presionan a actuar rápido sin tiempo para pensar

Cómo evitarla:

No existe información privilegiada real accesible por una membresía de Telegram.

Si alguien realmente tuviera señales consistentemente rentables, no las vendería por 100 dólares al mes. Las usaría él mismo y se haría inmensamente rico.

Los grupos legítimos de comunidad son gratuitos y se enfocan en educación, no en promesas de ganancias. Los grupos que cobran por "señales" son, en el mejor caso, vendedores de esperanza falsa. En el peor, esquemas coordinados de pump and dump donde tú eres el que pierde.

Variante peligrosa: Pump and Dump coordinado

El grupo tiene miles de miembros. El admin anuncia: "A las 8PM anunciaremos qué token comprar. Todos compramos al mismo tiempo y vendemos cuando suba 100%."

Lo que no te dicen: el admin y un grupo interno ya compraron ese token hace días cuando estaba barato. Cuando miles de miembros compran simultáneamente a las 8PM, el precio sube. El admin y sus cómplices venden inmediatamente con ganancias masivas. El precio colapsa. Los miembros regulares quedan atrapados con pérdidas.

2.6 Estafas de Recuperación

Cómo funciona:

Ya fuiste víctima de una estafa. Perdiste tus fondos. Estás desesperado. Publicas tu situación en un foro pidiendo ayuda.

Recibes un mensaje: "Soy un investigador especializado en recuperación de criptomonedas robadas. He recuperado fondos para cientos de víctimas. Mi tasa de éxito es del 87%. Solo cobro una tarifa inicial de $500 para comenzar la investigación."

Pagas los $500. El "investigador" te pide más información: acceso a tu wallet, historial de transacciones, otra tarifa para "gastos legales". Pagas más. Eventualmente deja de responder.

Acabas de ser estafado una segunda vez.

Qué promete:

Recuperar tus fondos perdidos. Justicia. Esperanza después de la pérdida.

Qué señal la delata:

- Te contactaron a ti (en lugar de que tú buscaras servicios legítimos)
- Prometen tasas de éxito irrealmente altas
- Piden pago por adelantado antes de resultados
- No pueden proporcionar pruebas verificables de casos exitosos
- Usan urgencia: "Debes actuar rápido antes de que sea imposible"

Cómo evitarla:

Las transacciones blockchain son irreversibles. Una vez que tus fondos fueron transferidos a otra dirección, no hay forma de recuperarlos sin la cooperación del receptor.

No existen "especialistas en recuperación" que puedan mágicamente deshacer transacciones. Los estafadores saben que las víctimas recientes están emocionalmente vulnerables y desesperadas, haciéndolas blancos fáciles para una segunda estafa.

Si fuiste víctima de fraude significativo, tu único recurso real es:

1. Reportarlo a autoridades policiales (aunque las posibilidades de recuperación son bajas)
2. Reportarlo al exchange si estuvo involucrado
3. Aprender de la experiencia y enfocarte en proteger lo que te queda

No pagues a "recuperadores" que te prometen resultados. Solo perderás más dinero.

2.7 Falso Staking / Rendimientos Imposibles

Cómo funciona:

Encuentras un sitio web o servicio que ofrece "staking de XRP con 20% de retorno anual" o "Gana 0.5% diario con tu XRP".

El sitio se ve profesional. Tiene calculadoras mostrando cuánto ganarías. Testimonios de usuarios felices. Explicaciones técnicas que suenan sofisticadas.

Depositas tu XRP en la plataforma. Los primeros días o semanas, realmente ves ganancias acumulándose en tu dashboard. Incluso puedes retirar pequeñas cantidades, lo que refuerza tu confianza.

Depositas más. Quizás incluso convences a amigos para unirse (algunos esquemas ofrecen comisiones por referidos).

Un día intentas retirar tus fondos principales. La plataforma no responde. El sitio web desaparece. Tus XRP se han ido para siempre.

Qué promete:

Ingresos pasivos extraordinarios. "Tu dinero trabajando para ti". Libertad financiera sin esfuerzo.

Qué señal la delata:

- Los rendimientos prometidos son irrealmente altos (cualquier cosa sobre 5-8% anual es sospechosa)
- No hay explicación clara y verificable de cómo se generan los rendimientos
- El servicio no está regulado ni auditado por terceros
- La plataforma es relativamente nueva sin historial largo
- Ofrecen bonos por referir amigos (estructura piramidal)
- Los primeros retiros funcionan, pero están diseñados para generar confianza falsa

Cómo evitarla:

XRP no tiene staking nativo. A diferencia de criptomonedas como Ethereum o Cardano, el XRP Ledger no utiliza mecanismo de Proof of Stake. No puedes hacer "staking de XRP" en el sentido técnico real.

Cualquier plataforma que ofrezca "staking de XRP" con rendimientos está haciendo otra cosa con tu dinero (o nada, simplemente robándolo).

Esquemas de rendimientos altos generalmente son:

- Esquemas Ponzi (pagan a inversores antiguos con dinero de nuevos inversores)
- Uso de tus fondos para trading arriesgado sin tu conocimiento
- Fraude directo (simplemente roban tu dinero)

Ninguno es sostenible. Todos colapsan eventualmente. Y cuando colapsan, pierdes todo.

Regla práctica: Si alguien te promete más del 10% anual de rendimiento "garantizado" o "seguro" en criptomonedas, es mentira. Los rendimientos reales en DeFi legítimo varían enormemente y conllevan riesgos significativos claramente explicados.

PARTE 3: TU ARSENAL DE DEFENSA – HÁBITOS Y HERRAMIENTAS

Conocer las estafas es importante. Pero no es suficiente. Necesitas hábitos y sistemas que te protejan incluso cuando estás cansado, distraído, o emocionalmente vulnerable.

3.1 Higiene Digital

Usa un gestor de contraseñas

Ya lo mencioné en capítulos anteriores, pero vale la pena repetirlo. Un gestor de contraseñas (LastPass, Bitwarden, 1Password) hace dos cosas críticas:

1. Genera contraseñas únicas y fuertes para cada servicio
2. Solo autocompletará contraseñas en el sitio web correcto

Este segundo punto es protección anti-phishing automática. Si vas a un sitio falso que imita a Binance, tu gestor de contraseñas NO autocompletará tus credenciales porque detecta que no es realmente binance.com. Esta es una señal de alerta inmediata.

Activa 2FA en absolutamente todo

Exchange, email, cuentas de redes sociales, gestor de contraseñas. Todo lo que permita 2FA debe tenerlo activado.

Usa aplicación autenticadora (Google Authenticator, Authy), no SMS cuando sea posible. Los SMS pueden ser interceptados mediante ataques de intercambio de SIM.

Adopta desconfianza por defecto

En el mundo cripto, la paranoia razonable es saludable. Tu postura por defecto ante cualquier contacto no solicitado, oferta no verificada, u oportunidad "exclusiva" debe ser: **desconfiar hasta que se demuestre lo contrario.**

No es ser antipático. Es ser prudente.

- Mensaje directo ofreciendo ayuda → Desconfía
- Email urgente pidiéndote actuar rápido → Desconfía
- Oportunidad que suena increíble → Desconfía
- Alguien pidiéndote información sensible → Desconfía

Solo después de verificación independiente y tranquila puedes confiar.

Guarda URLs como marcadores

Para los sitios que usas regularmente (exchange, wallet, exploradores de bloques), guarda sus URLs oficiales como marcadores en tu navegador.

Siempre accede a través de estos marcadores, nunca mediante búsquedas de Google o enlaces en emails.

¿Por qué? Porque los resultados de búsqueda pueden incluir anuncios de sitios falsos. Los emails pueden contener enlaces de phishing. Tus marcadores son confiables porque tú los verificaste una vez y ahora son tu fuente de verdad.

3.2 Herramientas de Verificación

Exploradores de bloques

Cuando necesites verificar una transacción, usa exploradores oficiales:

- xrpscan.com
- bithomp.com
- xrpcharts.ripple.com

Estos te permiten ver todas las transacciones en la blockchain de forma transparente. Si alguien te dice "tu pago está procesándose", puedes verificarlo tú mismo en el explorador.

Verificación de perfiles oficiales

Antes de confiar en cualquier cuenta de redes sociales que dice ser oficial:

1. Ve al sitio web oficial de la empresa/proyecto
2. Busca sus enlaces oficiales a redes sociales (generalmente en el footer del sitio)
3. Compara los handles exactos

No confíes solo en marcas de verificación. Esas pueden ser compradas o las cuentas pueden ser hackeadas.

Confirmación cruzada

Antes de creer cualquier noticia importante, verifica en múltiples fuentes:

- Sitio web oficial del proyecto
- Cuenta oficial de Twitter/X verificada desde el sitio web
- Medios cripto respetados (CoinDesk, Cointelegraph)
- Reddit oficial del proyecto
- Anuncios oficiales en Discord/Telegram verificados

Si una "noticia" solo aparece en un lugar o es compartida por cuentas dudosas, probablemente es falsa.

3.3 El Principio de Aislamiento

Este es un concepto avanzado pero poderoso: separa tus actividades cripto del resto de tu vida digital.

Dispositivos:

Si puedes permitírtelo, considera tener un dispositivo (teléfono viejo, tablet) dedicado exclusivamente a operaciones cripto. Ese dispositivo:

- No tiene juegos ni apps de entretenimiento
- No lo usas para navegación casual
- No instalas apps random
- Solo contiene lo esencial: wallet, autenticador 2FA, acceso a exchange

Esto minimiza superficie de ataque. Si tu teléfono principal se infecta con malware, tus apps cripto están en otro dispositivo.

Para la mayoría: Al menos mantén tu autenticador 2FA en un dispositivo separado de donde accedes a exchanges. Si usas ordenador para el exchange, ten el 2FA en tu móvil.

Emails:

Considera usar un email separado solo para criptomonedas. No lo uses para registrarte en sitios random, newsletters, o compras online.

Esto reduce el spam y phishing dirigido. También hace más fácil identificar emails sospechosos (si recibes un "email de Ledger" en tu email personal que nunca usaste para Ledger, es obviamente falso).

Navegación:

Nunca conectes tu hardware wallet a un ordenador mientras estás navegando sitios desconocidos o descargando archivos sospechosos.

Proceso seguro:

1. Cierra todas las pestañas innecesarias
2. Conecta hardware wallet
3. Realiza tu transacción
4. Desconecta hardware wallet
5. Ahora puedes volver a navegación normal

Nunca dejes tu hardware wallet conectada permanentemente "por comodidad".

PARTE 4: SI ALGO SALE MAL – PLAN DE RESPUESTA A INCIDENTES

A pesar de todas las precauciones, a veces las cosas salen mal. Un momento de distracción. Un día estresante. Un enlace que parecía legítimo. Ocurre.

Lo importante es tener un plan de acción inmediata.

Escenarios de compromiso y respuesta

Escenario 1: Revelaste tu frase semilla

Si por cualquier razón compartiste tu frase semilla con alguien (caíste en estafa de soporte falso, la fotografiaste y el teléfono fue hackeado, etc.):

Acción inmediata:

1. **Mueve tus fondos AHORA.** No esperes "a ver si pasa algo". Asume que tienes minutos antes de que el atacante actúe.

2. Crea una wallet nueva completamente diferente (nueva frase semilla, nuevo dispositivo si es posible).

3. Transfiere todos tus fondos de la wallet comprometida a la nueva wallet.

4. Una vez que los fondos están seguros en la nueva wallet, la

antigua está perdida para siempre. Nunca la uses nuevamente.

No pierdas tiempo en:

- Cambiar la contraseña de la wallet (no hay contraseña que cambie el hecho de que tu frase semilla está comprometida)
- Contactar "soporte" (las transacciones blockchain no pueden revertirse)
- Esperar para "estar seguro" (cada minuto cuenta)

Escenario 2: Hiciste clic en un enlace de phishing e introduciste credenciales de exchange
Acción inmediata:

1. Ve al sitio oficial del exchange (usando tu marcador guardado)

2. Cambia tu contraseña inmediatamente

3. Revisa si hay órdenes pendientes o transacciones no autorizadas. Cancélalas.

4. Si el exchange permite, bloquea temporalmente retiros desde configuración de seguridad

5. Contacta al soporte oficial del exchange explicando lo ocurrido

6. Si hay fondos significativos y puedes hacerlo rápido, considera retirar inmediatamente a tu hardware wallet

Tiempo es crítico. Los atacantes trabajan rápido, especialmente si tienen bots automatizados.

Escenario 3: Descubriste que descargaste una wallet falsa
Acción inmediata:

1. **NO abras la app nuevamente.** Asume que está monitoreando todo.

2. Si ya creaste una wallet ahí y transferiste fondos, esos fondos probablemente están comprometidos.

3. Instala la wallet oficial correcta (verificada desde el sitio web oficial)

4. Si es posible y los fondos aún están ahí, crea nueva wallet legítima y transfiere inmediatamente

5. Desinstala la app falsa

. . .

6. Reporta la app a Google Play o App Store

7. Si tu dispositivo estaba desbloqueado con root o jailbreak, considera resetearlo completamente

Escenario 4: Enviaste fondos a una estafa (giveaway falso, pump and dump, etc.)

Esta es la situación más dura: **las transacciones blockchain son irreversibles.**

Una vez que enviaste criptomonedas a otra dirección, no hay botón de "deshacer". No hay banco al que llamar. No hay protección del consumidor.

Lo que puedes hacer:

1. **No envíes más.** Algunos estafadores, viendo que caíste una vez, intentarán contactarte nuevamente con variantes ("envía más para desbloquear tus fondos anteriores").

2. Reporta la dirección del estafador al exchange si identificas que usó uno. No recuperarás tus fondos, pero podrías ayudar a prevenir que otros caigan.

3. Reporta el sitio web/perfil/app a las plataformas correspondientes.

4. Documenta todo: capturas de pantalla, URLs, direcciones, conversaciones. Nunca sabes si será útil para investigaciones futuras.

5. Aprende de la experiencia sin flagelarte eternamente. Todos cometemos errores. Lo importante es no repetirlos.

Lo que NO debes hacer:

- No pagues a "recuperadores" que prometen devolver tus fondos por una tarifa
- No creas en segundas oportunidades del mismo estafador
- No tomes decisiones impulsivas para "recuperar" rápido tu pérdida (generalmente lleva a más pérdidas)

Principio fundamental: Velocidad vs Pánico

Cuando detectas un compromiso, necesitas actuar rápido. Pero actuar rápido no significa actuar en pánico.

Pánico te hace cometer errores adicionales: enviar fondos a direcciones equivocadas, olvidar guardar información importante, tomar decisiones impulsivas.

Velocidad controlada es diferente:

1. Respira hondo (10 segundos)
2. Identifica el problema específico
3. Ejecuta el plan de acción apropiado con rapidez pero atención
4. Verifica cada paso antes de confirmar

Diez segundos de claridad mental pueden salvarte de errores que convertirían una situación mala en catastrófica.

PARTE 5: RESUMEN Y CHECKLIST ANTI-ESTAFAS

5.1 Resumen del capítulo

Has recorrido el panorama completo de amenazas que enfrenta un inversor de XRP. No para asustarte, sino para armarte.

Las estafas explotan emociones, no inteligencia. Codicia, miedo, esperanza e ignorancia técnica son las puertas de entrada. Reconocer cuándo estas emociones están siendo manipuladas es tu primera línea de defensa.

Los patrones se repiten. Aunque las estafas evolucionan en detalles superficiales, sus mecánicas fundamentales permanecen: urgencia artificial, promesas extraordinarias, solicitudes de información sensible, presión social falsa.

Falsos giveaways explotan codicia con promesas de duplicar tu dinero. Nunca son reales.

Falso soporte técnico explota urgencia y desconocimiento pidiendo frase semilla. Nunca es legítimo.

Phishing imita sitios oficiales para robar credenciales. Siempre verifica URLs manualmente.

Wallets falsas en app stores roban fondos desde el momento de creación. Solo descarga desde enlaces oficiales.

Gurús con señales venden esperanza falsa o coordinan pump and dumps donde tú pierdes.

Estafas de recuperación atacan víctimas vulnerables con falsas promesas. No existe recuperación mágica.

Rendimientos imposibles prometen ganancias pasivas irreales. XRP no tiene staking real.

Tu defensa no es una sola cosa, es un sistema: higiene digital, herramientas de verificación, aislamiento de actividades, y desconfianza por defecto.

Si algo sale mal, la velocidad importa. Pero velocidad controlada, no pánico. Mueve fondos comprometidos inmediatamente a ubicaciones seguras.

5.2 Checklist Práctica Anti-Estafas

Imprime mentalmente esta checklist. Conviértela en tus reglas automáticas.

Reglas absolutas (NUNCA las rompas):

☐ **NUNCA compartiré mi frase semilla con nadie.** No hay excepciones. Ni soporte, ni "verificación", ni familiares, ni "técnicos especializados".

☐ **NUNCA enviaré criptomonedas a alguien que prometa devolverme más.** Todos los giveaways de "envía X recibe 2X" son estafas sin excepción.

☐ **NUNCA haré clic en enlaces de emails o SMS relacionados con cripto.** Siempre navegaré manualmente al sitio oficial.

☐ **NUNCA compartiré públicamente cuánto XRP poseo.** No me convertiré en objetivo publicando mis cantidades.

☐ **NUNCA tomaré decisiones financieras bajo presión de urgencia artificial.** Si algo "expira en 2 horas", la respuesta es no.

Verificaciones obligatorias antes de actuar:

☐ **¿Este contacto fue iniciado por mí o por ellos?** Los contactos no solicitados son sospechosos por defecto.

☐ **¿Estoy actuando bajo emoción fuerte?** Si siento excitación extrema o miedo intenso, espero 24 horas antes de decidir.

☐ **¿Puedo verificar esta información en una fuente oficial independiente?** No confío en una sola fuente, especialmente si me contactó directamente.

☐ **¿Esta URL es exactamente la correcta?** Verifico letra por letra, no solo "se ve bien".

☐ **¿Esta app viene del enlace oficial?** Nunca busco wallets directamente en tiendas, solo descargo desde sitios oficiales.

Hábitos de seguridad diarios:

☐ **Mantengo 2FA activado en todo.** Exchange, email, redes sociales.

☐ **Uso contraseñas únicas y fuertes.** Un gestor de contraseñas me ayuda.

☐ **Accedo a sitios importantes solo mediante marcadores guardados.** No mediante búsquedas ni enlaces.

☐ **Verifico URLs antes de introducir credenciales.** Especialmente en móvil donde son más difíciles de ver.

☐ **No dejo hardware wallet conectada permanentemente.** La conecto solo cuando necesito usarla.

Señales de alarma que me hacen detenerme:

☐ Promesas de rendimientos extraordinarios sin riesgo

☐ Urgencia artificial ("solo quedan 2 horas", "últimas plazas")

☐ Solicitud de información sensible (frase semilla, claves privadas)

☐ Mensajes directos no solicitados ofreciendo "ayuda" o "oportunidades"

☐ Testimonios que son demasiado perfectos o demasiado similares

☐ URLs que tienen pequeñas diferencias con las oficiales

☐ Apps con reviews genéricas y desarrollador desconocido

Si algo sale mal:

☐ **Actúo rápido pero con claridad.** No entro en pánico, pero tampoco dudo.

☐ **Muevo fondos inmediatamente si la frase semilla está comprometida.** Nueva wallet, nuevos fondos seguros.

☐ **Cambio credenciales si un exchange está comprometido.** Contraseña nueva, verifico transacciones.

☐ **No pago a "recuperadores".** Las transacciones blockchain son irreversibles.

☐ **Aprendo y sigo adelante.** Los errores son maestros, no sentencias permanentes.

Has completado tu entrenamiento anti-estafas. No eres invulnerable, nadie lo es. Pero ahora tienes el conocimiento, las herramientas y los hábitos que separan a quienes protegen sus inversiones de quienes las pierden por descuidos evitables.

Las estafas seguirán existiendo. Evolucionarán. Aparecerán nuevas variantes. Pero si mantienes los principios fundamentales de este capítulo, la inmensa mayoría de ataques rebotarán contra tu escudo sin tocarte.

Tu XRP está protegido técnicamente en tu hardware wallet. Ahora también está protegido por tu consciencia de amenazas y tus hábitos de seguridad.

Pero hay un elemento final que necesitamos abordar. Porque no solo necesitas proteger tu dinero de estafadores externos. También necesitas protegerlo de ti mismo. De tus emociones durante volatilidad. De tus impulsos durante euforia o pánico. De la tentación de abandonar tu plan cuando todo a tu alrededor parece caótico.

Es momento de hablar de estrategia a largo plazo. De cómo mantener la calma cuando el mercado pierde la suya.

Continúa con el Capítulo 5: Tu Estrategia de Largo Plazo – El Plan que Vence al Pánico

CAPÍTULO 5

LA ESTRATEGIA: DE PLAN DE INVERSIÓN A INVERSOR ZEN

Tienes tus XRP. Están seguros en tu hardware wallet. Has aprendido a protegerte de estafas externas. Tu dinero está técnicamente blindado.

Pero hay un enemigo contra el cual ninguna hardware wallet puede protegerte: tú mismo.

Tu ansiedad cuando el precio cae 20% en un día. Tu euforia cuando sube 50% en una semana. Tu impulso de vender cuando todos gritan que el fin está cerca. Tu tentación de comprar más cuando todos proclaman que "esto va a la luna".

Este capítulo no trata sobre el mercado. Trata sobre ti navegando el mercado. Porque la diferencia entre inversores exitosos y fracasados raramente está en qué compraron, sino en cómo se comportaron mientras lo tenían.

Vamos a construir tu estrategia completa: financiera y emocional. Al final de estas páginas, tendrás un plan tan sólido que podrás ignorar el ruido y mantener el rumbo incluso cuando todo a tu alrededor parezca caos.

PARTE 1: ¿CUÁNTO Y CUÁNDO? – CREANDO TU PLAN DE INVERSIÓN PERSONAL

1.1 La regla de oro

"Invierte solo lo que estés dispuesto a perder."

Has escuchado esta frase mil veces. Probablemente la has ignorado mil veces pensando que es un cliché sin sustancia. Pero no lo es. Es la diferencia entre invertir con tranquilidad o vivir en ansiedad constante.

Déjame reformular la regla de una forma más útil:

Invierte solo cantidades cuya pérdida total no cambiaría fundamentalmente tu vida.

Esto no significa "dinero que no te importa". Significa dinero que, si desapareciera mañana, no te impediría:

- Pagar tu alquiler o hipoteca
- Cubrir gastos básicos durante los próximos 6 meses
- Mantener tu calidad de vida esencial
- Dormir tranquilo por las noches

¿Cómo se aplica esto en la vida real?

Paso 1: Evalúa tu situación financiera honestamente

Antes de invertir un euro más en XRP, responde estas preguntas:

¿Tienes un fondo de emergencia que cubra 3-6 meses de gastos esenciales guardado en dinero fiat accesible?

Si la respuesta es no, construye ese fondo primero. Las criptomonedas son inversión, no son tu red de seguridad. Si necesitas liquidez urgente (emergencia médica, pérdida de empleo), no puedes depender de vender XRP que podría estar en un momento de precio bajo.

¿Tienes deudas con intereses altos (tarjetas de crédito, préstamos personales)?

Si tienes deuda al 15-20% anual, pagar esa deuda es una "inversión" garantizada con mejor retorno que casi cualquier activo especulativo. Primero elimina deudas caras, luego invierte en cripto.

¿Esta inversión viene de dinero que necesitarás en los próximos 1-2 años (boda, mudanza, estudios)?

Si necesitarás ese dinero en el corto plazo, no debería estar en criptomonedas. El timing del mercado no se alineará con tus necesidades de liquidez. Podrías necesitar vender en el peor momento posible.

Paso 2: Define tu "capital de riesgo"

Una vez que tienes:

- Fondo de emergencia ✓
- Deudas caras pagadas o controladas ✓
- No necesitas ese dinero a corto plazo ✓

Entonces puedes identificar tu capital de riesgo. Este es dinero que puedes permitirte tener bloqueado o incluso perder sin que afecte tu estabilidad financiera.

Para algunos, esto será 500 euros. Para otros, 50.000 euros. No hay cantidad "correcta" universal. La cantidad correcta es la que te permite invertir sin que cada fluctuación de precio te quite el sueño.

Por qué protege la salud mental:

Cuando inviertes dinero que realmente puedes permitirte arriesgar, las caídas de precio son incómodas pero no catastróficas. Puedes mantener la calma y esperar recuperación.

Cuando inviertes dinero que necesitas (para alquiler, comida, emergencias), cada caída es una crisis existencial. El pánico no es opcional, es inevitable. Y el pánico te hace vender en el peor momento.

La regla de oro no es conservadurismo excesivo. Es autocuidado financiero.

1.2 Quiz de perfil de riesgo

No todos los inversores son iguales. Tu tolerancia al riesgo, horizonte temporal y objetivos son únicos. Entenderlos te ayuda a crear una estrategia que puedas sostener.

Responde honestamente a estas preguntas:

1. Si tu inversión en XRP cayera 50% en un mes, ¿qué harías?

- A) Vendería inmediatamente, no puedo soportar verla caer más
- B) Me sentiría muy incómodo pero esperaría a ver si se recupera
- C) Consideraría comprar más aprovechando el precio bajo

2. ¿Cuál es tu horizonte temporal para esta inversión?

- A) Menos de 1 año - quiero resultados rápidos
- B) 2-3 años - medio plazo
- C) 5+ años - estoy aquí para el largo recorrido

3. ¿Con qué frecuencia planeas revisar el precio de XRP?

- A) Varias veces al día
- B) Una vez a la semana o cada dos semanas
- C) Una vez al mes o menos

4. Si XRP subiera 100% en dos semanas, ¿qué harías?

- A) Vendería todo o la mayor parte para asegurar ganancias
- B) Vendería una porción pero mantendría la mayoría
- C) No vendería nada, mi plan es largo plazo

5. ¿Qué porcentaje de tu patrimonio invertible representa tu inversión en XRP?

- A) Más del 30%
- B) Entre 10-30%
- C) Menos del 10%

6. ¿Cómo reaccionas generalmente ante noticias negativas sobre XRP?

- A) Me preocupo intensamente y considero vender
- B) Me incomoda pero intento verificar información antes de actuar
- C) Lo veo como parte normal de la volatilidad cripto

Interpretación:
Mayoría de respuestas A: Perfil Conservador
Valoras estabilidad sobre ganancias potenciales altas. La volatilidad extrema te genera estrés significativo. Probablemente no deberías tener más del 5-10% de tu capital invertible en criptomonedas. Considera:

- Inversiones más pequeñas y graduales
- DCA muy espaciado (mensual o trimestral)
- Tener siempre un "plan de salida" claro con objetivos de ganancia definidos
- Complementar con inversiones más estables (fondos indexados tradicionales)

Mayoría de respuestas B: Perfil Moderado
Entiendes que el riesgo es necesario para retornos significativos, pero tienes límites claros. Puedes tolerar volatilidad si tienes un plan. Este es el perfil más común y probablemente el más saludable. Considera:

- 10-20% de tu capital invertible en cripto
- DCA quincenal o mensual

- Revisiones periódicas sin obsesión
- Estrategias de toma parcial de ganancias en objetivos claros

Mayoría de respuestas C: Perfil Agresivo

Alta tolerancia al riesgo y visión de muy largo plazo. Puedes soportar volatilidad extrema sin perder el sueño. Cuidado: esto puede ser fortaleza o puede ser negación disfrazada. Considera:

- Máximo 30% de capital invertible en cripto (más allá de esto es especulación, no inversión)
- Sigue necesitando un plan, incluso si es muy largo plazo
- Define bajo qué condiciones sí venderías (no seas dogmático)
- Diversifica incluso dentro de cripto para no depender totalmente de XRP

Importante: Tu perfil puede cambiar con el tiempo y las circunstancias. Revisita estas preguntas cada año o cuando tu situación financiera cambie significativamente.

1.3 La estrategia DCA

Dollar Cost Averaging (Promedio de Costo en Dólares) tiene nombre en inglés pero concepto universal: **invertir cantidades fijas a intervalos regulares, independientemente del precio.**

En lugar de intentar "adivinar" el mejor momento para invertir toda tu cantidad, divides esa cantidad en partes más pequeñas y las inviertes periódicamente.

Ejemplo conceptual:

Imagina que decidiste invertir 1.200 euros en XRP durante los próximos 6 meses.

Opción 1: Todo de golpe Inviertes los 1.200 euros hoy. El precio está en cierto nivel. Si sube mañana, te sientes genial. Si baja, te sientes terrible y te arrepientes de no haber esperado.

Opción 2: DCA Divides los 1.200 euros en 6 partes de 200 euros. Inviertes 200 euros el día 1 de cada mes durante 6 meses.

- Mes 1: XRP está a X, compras cantidad Y
- Mes 2: XRP bajó 20%, compras más cantidad con los mismos 200 euros
- Mes 3: XRP subió 30%, compras menos cantidad
- Mes 4: XRP está relativamente estable
- Mes 5: XRP cayó otra vez, compras más
- Mes 6: XRP se recuperó

Al final de 6 meses, tu precio promedio de compra es exactamente eso: un promedio de todos los precios durante ese período. No compraste en el punto más alto ni en el más bajo, compraste en el medio.

Por qué funciona para la mayoría:

1. Elimina la parálisis por análisis

No necesitas "adivinar" el momento perfecto. Tu momento es el día que decidiste (cada 1 del mes, cada viernes, lo que sea). Ejecutas tu plan sin cuestionarte.

2. Reduce el riesgo de mal timing catastrófico

Si inviertes todo justo antes de una caída del 40%, psicológicamente es devastador. Con DCA, solo una fracción de tu capital compró a ese precio "malo". El resto compró a precios mejores después de la caída.

3. Automatiza la disciplina

Puedes configurar compras automáticas en algunos exchanges. Tu inversión ocurre sin que tengas que tomar la decisión emocional cada vez.

4. Convierte la volatilidad en aliada

Cuando el precio baja, tus mismos 200 euros compran más XRP. Estás "comprando barato" automáticamente sin tener que cronometrar nada.

Cuándo DCA NO es ideal:

Si tienes razones fundamentadas para creer que estamos en un momento específicamente bajo (después de crash masivo del mercado completo, por ejemplo), invertir más cantidad puede tener sentido. Pero estas oportunidades son difíciles de identificar con certeza.

Para la mayoría de inversores, especialmente principiantes, DCA es simplemente la estrategia más prudente y sostenible psicológicamente.

1.4 Worksheet de presupuesto

Es momento de convertir teoría en plan concreto. Rellena mentalmente (o en papel) este worksheet.

MI PLAN DE INVERSIÓN EN XRP

Capital total destinado a XRP: _____ euros (debe ser capital de riesgo, no dinero de emergencia)

Estrategia elegida:

☐ Inversión única (justificación: _____) ☐ DCA (recomendado para la mayoría)

Si elegiste DCA:

Cantidad por compra: _____ euros cada vez

Frecuencia: ☐ Semanal ☐ Quincenal ☐ Mensual ☐ Otro: _____

Duración del plan: _____ meses (divide capital total ÷ cantidad por compra)

Fecha de inicio:

Método de ejecución: ☐ Manual (recordatorio en calendario) ☐ Automático (si mi exchange lo permite)

Reglas de disciplina:

☐ **No saltaré compras** porque "el precio está alto hoy" ☐ **No duplicaré compras** porque "el precio está bajo hoy" ☐ **Mantendré el plan** independientemente de noticias o emociones ☐ **Revisaré el plan** solo cada [3/6/12] meses, no antes

Condiciones bajo las cuales PAUSARÍA el plan: (Ejemplos: pérdida de empleo, emergencia familiar, cambio drástico en finanzas personales - NO incluir "el precio está muy alto" o "el mercado está muy bajo")

Mi perfil de riesgo identificado: ☐ Conservador ☐ Moderado ☐ Agresivo

Porcentaje de mi capital invertible que representa: _____ % (Conservador: máx 10%, Moderado: máx 20%, Agresivo: máx 30%)

Objetivos realistas a largo plazo:

Mi horizonte temporal mínimo es: _____ años

Revisaré mi estrategia de salida cuando: □ Alcance ___ años de inversión □ XRP alcance cierto nivel de adopción fundamental (definir: _____) □ Mis circunstancias financieras cambien significativamente

Firma del compromiso:

Hoy, _____ (fecha), me comprometo a seguir este plan con disciplina, revisándolo solo en los intervalos establecidos y no reaccionando impulsivamente a volatilidad de corto plazo.

Este worksheet no es decoración. Es tu ancla emocional cuando el mar se pone tormentoso. Guárdalo donde puedas consultarlo cuando sientas impulsos de desviarte del plan.

PARTE 2: EL INVERSOR ZEN – CÓMO DEJAR DE VIVIR PEGADO AL PRECIO

2.1 Miedo y codicia

En el mundo cripto existen dos fuerzas emocionales que destruyen más inversiones que cualquier crash de mercado: FOMO y FUD.

FOMO: Fear Of Missing Out (Miedo a Perderse Algo)

Es esa sensación visceral que te invade cuando ves que XRP subió 40% en tres días y tú:

- No compraste todavía
- Compraste pero "muy poco"
- Vendiste hace una semana

Tu cerebro grita: "¡Lo estoy perdiendo! ¡Todos están ganando dinero menos yo! ¡Tengo que comprar AHORA antes de que sea demasiado tarde!"

Cómo se manifiesta:

Estás scrolleando Twitter. Ves 20 posts de gente celebrando ganancias. Capturas de portfolios verdes. Comentarios de "ojalá hubiera comprado más". Tu pulso se acelera. Abres tu exchange. Estás a punto de comprar cantidades que no habías planeado, a precios que objetivamente están en pico local.

El FOMO te hace:

- Comprar en techos locales (cuando todos ya compraron)
- Invertir más de lo planeado
- Abandonar tu estrategia DCA porque "esta vez es diferente"
- Entrar en proyectos que no entiendes solo porque "están subiendo"

FUD: Fear, Uncertainty, Doubt (Miedo, Incertidumbre, Duda)

Es el pánico que te invade cuando ves que XRP cayó 30% en dos días y los titulares gritan:

- "¿Es el fin de XRP?"
- "Ballenas vendiendo masivamente"
- "Nueva regulación podría destruir el mercado"

Tu cerebro grita: "¡Voy a perderlo todo! ¡Tengo que vender antes de que llegue a cero! ¡Todos los demás ya saben algo que yo no sé!"

Cómo se manifiesta:

Ves tu portfolio en rojo. Cada actualización muestra números más bajos. Lees comentarios apocalípticos en Reddit. Tu estómago se contrae. Empiezas a racionalizar vender: "Mejor salvar algo que perderlo todo". "Puedo volver a comprar cuando se estabilice" (nunca lo haces). "Claramente esto fue un error".

El FUD te hace:

- Vender en mínimos locales (cuando el pánico es máximo)
- Cristalizar pérdidas que podrían haber sido temporales
- Abandonar inversiones sólidas por volatilidad normal
- Tomar decisiones desde el miedo, no desde el análisis

La verdad incómoda:

FOMO y FUD son las dos caras de la misma moneda emocional. Y están perfectamente diseñadas para hacerte perder dinero:

- FOMO te hace comprar caro (cuando el precio ya subió)
- FUD te hace vender barato (cuando el precio ya cayó)
- Repetir este ciclo garantiza pérdidas

Los inversores exitosos no son los que nunca sienten estas emociones. Son los que las reconocen, las nombran, y eligen no actuar sobre ellas.

2.2 Ruido vs señal

Cada día serás bombardeado con "información" sobre XRP. El 95% es ruido. El 5% es señal relevante.

Ruido:

Predicciones de precio a corto plazo: "XRP llegará a $10 este mes según este patrón de gráfico que acabo de inventar"

Nadie puede predecir precios a corto plazo con consistencia. Si pudieran, no estarían compartiendo esa información gratis en Twitter.

Análisis técnico extremadamente específico: "Si XRP rompe el soporte de $0.5347 con volumen >150M en el candelabro de 4 horas, veremos corrección a $0.4982"

Puede sonar impresionante. Es astrología financiera. Ignóralo.

Tweets emocionales de celebridades cripto: "🚀🚀🚀 XRP LOADING!!! 🔥🔥🔥"

Contenido diseñado para generar engagement, no para informar.

Rumores sin fuente: "Escuché que Amazon va a usar XRP para pagos internacionales"

Si no hay anuncio oficial de fuente verificable, no existe.

Opiniones polarizadas sin matices: "XRP es basura, está completamente centralizado y no sirve para nada" vs "XRP va a reemplazar todo el sistema SWIFT mañana"

Ambos extremos ignoran la realidad compleja. La verdad está en el medio.

Señal (lo que SÍ importa a largo plazo):

Anuncios oficiales de Ripple: Asociaciones reales con instituciones verificables. Expansión de productos. Resultados legales concretos.

Métricas de uso real: Volumen de ODL. Número de corredores activos. Crecimiento del ecosistema XRPL.

Cambios regulatorios fundamentales: Nuevas leyes sobre criptomonedas en jurisdicciones importantes. Claridad regulatoria específica.

Desarrollos tecnológicos significativos: Actualizaciones importantes del XRP Ledger. Nuevas capacidades técnicas del protocolo.

Tendencias macro del mercado cripto: Ciclos de mercado generales. Adopción institucional amplia. Cambios en el panorama competitivo.

Cómo distinguir ruido de señal:
Pregúntate:

- ¿Esto cambia los fundamentos a largo plazo de XRP?
- ¿Viene de fuente oficial verificable?
- ¿Importará dentro de 1 año?

Si la respuesta a las tres es "no", es ruido. Ignóralo.

2.3 Técnicas de control emocional

Reconocer emociones destructivas es el primer paso. Gestionarlas requiere herramientas prácticas.

1. Alertas de precio estratégicas (no obsesivas)
En lugar de revisar el precio constantemente, configura alertas solo para niveles significativos.

Ejemplo:

- Alerta si XRP sube más del 50% desde tu precio de compra promedio
- Alerta si XRP cae más del 40% desde tu precio de compra promedio

Estos son movimientos lo suficientemente grandes para merecer atención, pero no reacción automática. Cuando recibas la alerta, revisas tu plan, no vendes o compras impulsivamente.

NO configures alertas para movimientos del 5-10%. Esos son ruido diario.

2. Diario de inversión

Mantén un registro simple de:

- Fecha de cada compra
- Cantidad y precio
- **Razón por la que compraste** (esto es lo más importante)
- Estado emocional ese día
- Contexto del mercado

Cuando sientas impulso de vender por pánico, lee por qué compraste originalmente. Si esas razones siguen siendo válidas, el precio actual es irrelevante a corto plazo.

Ejemplo de entrada:

15 de Febrero, 2026

Compré 150 XRP a €0.65 = €97.50

Razón: Parte de mi plan DCA mensual. Continúo creyendo en la utilidad de XRP como puente de liquidez. Caso SEC resuelto favorablemente. Horizonte 5+ años.

Emoción: Calmado, siguiendo el plan.

Mercado: Relativamente estable después de corrección del mes pasado.

Tres meses después, cuando XRP está a €0.45 y consideras vender por pánico, lees esto y recuerdas: tus razones fundamentales no cambiaron. Solo el precio cambió. Si compraste a €0.65 con horizonte de 5 años, un precio de €0.45 a los 3 meses es completamente irrelevante.

3. La regla de las 24-48 horas

Cuando sientas impulso fuerte de hacer algo que no está en tu plan (comprar más, vender todo, cambiar estrategia), espera 24-48 horas antes de actuar.

Escribe tu impulso en papel:

- Qué quiero hacer

- Por qué lo quiero hacer
- Qué emoción estoy sintiendo

Vuelve a leer en 48 horas. En el 90% de casos, la urgencia habrá pasado y verás que fue una reacción emocional, no una decisión estratégica.

Las decisiones de inversión tomadas bajo emoción intensa casi siempre son malas decisiones. El tiempo crea distancia emocional y permite que tu cerebro racional vuelva a funcionar.

4. Plan previo para caídas

No esperes a que ocurra una caída del 40% para decidir qué harás. Decide ahora, con cabeza fría.

Completa estas frases:

Si XRP cae 30% desde mi precio promedio de compra: Acción planeada: [Ejemplo: No hago nada. Reviso si los fundamentos cambiaron. Si no cambiaron, mantengo o compro según mi plan DCA]

Si XRP cae 50% desde mi precio promedio de compra: Acción planeada: [Ejemplo: Reviso mi tesis de inversión completa. Si sigo confiando a largo plazo, considero acelerar DCA si tengo capital de riesgo adicional]

Si XRP cae 70% desde mi precio promedio de compra: Acción planeada: [Ejemplo: Evalúo honestamente si algo fundamental cambió que invalida mi tesis. Si no, mantengo. Si sí, considero salida gradual]

Tener estas respuestas escritas ANTES de la crisis emocional te salva de decisiones de pánico.

5. Limita la exposición a "cripto Twitter/Reddit"

Si te encuentras revisando foros y redes sociales sobre cripto múltiples veces al día, estás envenenando tu estado mental.

Límites saludables:

- Máximo 15 minutos al día de contenido cripto
- Solo sigue fuentes oficiales verificadas y educativas, no traders sensacionalistas
- Silencia palabras clave durante períodos de volatilidad extrema

- Considera "detox cripto" completo de 1-2 semanas cada trimestre

Tu inversión no requiere que estés conectado 24/7 al ruido. De hecho, mejora cuando te desconectas del ruido.

PARTE 3: MÁS ALLÁ DE HODL – PONER TU XRP A TRABAJAR (CON CRITERIO)

"HODL" (Hold On for Dear Life - mantener pase lo que pase) es una estrategia válida. Pero no es la única. Existen formas de generar utilidad adicional con tus XRP sin especular activamente.

3.1 Staking y lending

Recordatorio del Capítulo 1: **XRP no tiene staking nativo.** El XRP Ledger no usa Proof of Stake. No puedes hacer "staking de XRP" en el sentido técnico real.

Sin embargo, existen plataformas que ofrecen servicios etiquetados como "staking" o más honestamente como "lending" (préstamo), donde depositas tus XRP y recibes interés.

Cómo funciona realmente:

Depositas tus XRP en una plataforma. La plataforma usa tus XRP para:

- Préstamos a traders que hacen margin trading
- Provisión de liquidez en exchanges
- Otras actividades generadoras de rendimiento

A cambio, te pagan un porcentaje de interés.

Riesgos reales:

1. Riesgo de contraparte: Tus XRP ya no están en tu wallet. Están en custodia de la plataforma. Si la plataforma:

- Es hackeada
- Quiebra

- Resulta ser fraude

Pierdes tus XRP, independientemente del rendimiento prometido.

2. Riesgo de liquidez: Algunas plataformas bloquean tus fondos por períodos fijos. No puedes retirar cuando quieras. Si el precio de XRP sube dramáticamente o necesitas liquidez urgente, estás atrapado.

3. Riesgo regulatorio: Servicios de rendimiento cripto están en área gris regulatoria en muchas jurisdicciones. Regulaciones futuras podrían forzar cierres o congelaciones de fondos.

Cuándo tiene sentido:

- Tienes XRP que definitivamente no planeas mover en meses/años
- La plataforma es extremadamente reputada y transparente
- Entiendes y aceptas que podrías perder el capital completo
- El rendimiento adicional no es tu razón principal para tener XRP

Cuándo NO tiene sentido:

- Eres principiante y todavía estás aprendiendo a proteger tus fondos
- La plataforma promete rendimientos "demasiado buenos para ser verdad" (>15% anual)
- No entiendes completamente cómo genera la plataforma esos rendimientos
- Necesitarías vender esos XRP en caso de emergencia

Mi recomendación para principiantes: Enfócate primero en acumular y proteger XRP en tu hardware wallet. Cuando tengas experiencia significativa (1+ años) y cantidades donde una porción pequeña (10-20%) pueda experimentar con rendimientos sin arriesgar tu posición completa, entonces considera estas opciones con extrema cautela.

El rendimiento adicional del 4-8% anual no vale el riesgo de perder el 100% si eres nuevo en esto.

3.2 Airdrops

Los airdrops son distribuciones gratuitas de tokens, generalmente a holders de ciertas criptomonedas o participantes de ciertos ecosistemas.

Cómo funcionan (los legítimos):

Un nuevo proyecto construido en XRP Ledger quiere distribuir sus tokens a la comunidad. Anuncian: "Todos los holders de XRP en self-custody wallets el día X recibirán tokens Y basados en su balance."

No tienes que hacer nada excepto tener tus XRP en una wallet que controlas (no en exchange). Los tokens aparecen automáticamente en tu wallet.

Airdrops legítimos vs estafas:
Señales de airdrop legítimo:

- Anuncio oficial verificable del proyecto
- No requiere que envíes fondos a nadie
- No requiere que des tu frase semilla
- No requiere que conectes tu wallet a sitios sospechosos
- Simplemente necesitas tener XRP en tu wallet en cierta fecha

Señales de airdrop ESTAFA:

- Te piden enviar XRP para "calificar"
- Requieren conectar wallet a sitio web desconocido
- Llegan como mensaje directo no solicitado
- Prometen cantidades extraordinarias de tokens valiosos
- Tienen urgencia artificial ("solo 24 horas")

Cómo participar de forma segura:

1. Solo presta atención a airdrops anunciados en canales oficiales verificados
2. Nunca envíes fondos para participar
3. Nunca compartas tu frase semilla

4. Si requiere alguna acción más allá de "tener XRP en tu wallet", investiga exhaustivamente antes de hacer nada
5. Los airdrops recibidos podrían valer algo o nada - no bases tu estrategia de inversión en ellos

Expectativas realistas:

La mayoría de airdrops valen muy poco o nada. Ocasionalmente uno resulta valioso. No cuentes con airdrops como fuente de ingresos. Trátalos como bonos ocasionales agradables, no como estrategia de inversión.

3.3 Gobernanza y participación en el ecosistema

A medida que el ecosistema XRP Ledger crece, pueden aparecer oportunidades de participación más allá de simplemente mantener XRP.

Gobernanza:

Algunos proyectos DeFi construidos en XRPL pueden ofrecer derechos de voto a holders de sus tokens. Esto te permite participar en decisiones sobre el futuro del proyecto.

Qué esperar realistamente:

- La gobernanza real requiere tiempo y comprensión técnica
- Tu voto individual tendrá peso proporcional a tus holdings (pequeños holders tienen influencia limitada)
- Es más sobre participación comunitaria que sobre ganancias financieras directas

Participación en desarrollo del ecosistema:

- Testeo de nuevas aplicaciones en XRPL
- Feedback en propuestas de mejora
- Educación de otros sobre XRP (como estás haciendo tú al leer este libro)

Por qué importa:

Un ecosistema saludable con participantes activos y comprometidos tiende a crecer más fuerte. Tu participación, aunque pequeña individualmente, contribuye al valor general del ecosistema donde tu XRP existe.

Pero seamos claros:

No necesitas ser desarrollador, participar en gobernanza, o ser activista del ecosistema para ser un inversor exitoso en XRP. Estas son opciones para quienes tienen interés genuino y tiempo, no requisitos.

Simplemente mantener XRP de forma segura a largo plazo es una estrategia perfectamente válida y respetable.

PARTE 4: RESUMEN Y MANIFIESTO DEL INVERSOR

4.1 Resumen del capítulo

Has construido tu estrategia completa. No solo qué comprar, sino cómo comportarte mientras lo tienes.

La regla de oro establece límites psicológicos saludables: Solo arriesga capital cuya pérdida no cambiaría fundamentalmente tu vida. Esto te permite invertir con cabeza fría en lugar de ansiedad constante.

Tu perfil de riesgo determina tu estrategia: Conservador, moderado o agresivo - cada uno requiere diferentes niveles de exposición y diferentes planes de ejecución. Conocer tu perfil honestamente te salva de estrategias que no puedes sostener.

DCA elimina timing emocional: Invertir cantidades fijas a intervalos regulares promedia tu precio de entrada y te protege de decisiones emocionales de "timing perfecto". Para la mayoría de inversores, es la estrategia más sostenible.

FOMO y FUD son tus enemigos reales: El miedo a perderse algo te hace comprar caro. El miedo, incertidumbre y duda te hacen vender barato. Reconocerlos es el primer paso para no actuar sobre ellos.

El 95% de la información diaria es ruido: Predicciones de precio, tweets emocionales, rumores sin fuente. Enfócate solo en señal: anuncios oficiales, métricas de uso real, cambios regulatorios fundamentales.

Herramientas de control emocional te mantienen en el camino:

Alertas estratégicas, diario de inversión, regla de 24-48 horas, plan previo para caídas. Estas herramientas crean espacio entre emoción y acción.

Rendimientos adicionales vienen con riesgos adicionales: Staking/lending, airdrops, y participación en gobernanza pueden ofrecer utilidad extra, pero no son necesarios ni libres de riesgo. Prioriza seguridad sobre rendimiento marginal.

El éxito en inversión es 20% estrategia, 80% comportamiento: Tener el plan correcto importa. Pero seguir ese plan cuando todo a tu alrededor es caos es lo que separa resultados exitosos de fracasos.

4.2 Manifiesto personal del inversor

Este es tu contrato contigo mismo. Tus principios cuando el mercado pierde los suyos.

Rellena este manifiesto y guárdalo donde puedas consultarlo en momentos de duda:

MI MANIFIESTO COMO INVERSOR EN XRP

Mis razones fundamentales para invertir en XRP: (Escribe por qué crees en XRP a largo plazo)

Mis reglas de inversión (no negociables):

□ Invertiré solo capital que puedo permitirme arriesgar □ Seguiré mi plan DCA sin saltarme fechas por emoción □ No invertiré más cuando el precio sube por FOMO □ No venderé cuando el precio baja por FUD □ Revisaré mi portfolio máximo una vez por [semana/mes] □ No tomaré decisiones importantes bajo emoción intensa □ Esperaré 48 horas antes de cualquier cambio significativo a mi plan

Mis límites emocionales:

Si me encuentro:

- Revisando el precio más de _____ veces al día
- Perdiendo el sueño por volatilidad

- Discutiendo sobre XRP con agresividad
- Sintiendo ansiedad constante

Entonces: [Ejemplo. Me tomaré un descanso completo de cripto por 1 semana, revisaré si mi exposición es demasiado alta para mi perfil, consideraré reducir posición a nivel más cómodo]

Mi horizonte temporal:

Mi inversión en XRP es para mínimo _____ años.

No consideraré vender antes de esa fecha a menos que:

Mis objetivos realistas:

□ No espero "hacerme rico rápido" □ Entiendo que la volatilidad es normal □ Acepto que podría perder mi inversión completa □ Mi objetivo es [crecimiento patrimonial a largo plazo / diversificación / participación en economía cripto / otro: _____]

Mis compromisos de seguridad:

□ Mantendré mis XRP en hardware wallet (no en exchange) □ Nunca compartiré mi frase semilla □ Verificaré cualquier información en fuentes oficiales □ No caeré en estafas de giveaways o rendimientos imposibles

Mi plan de toma de ganancias (si aplica):

[Ejemplo: Cuando/si XRP alcanza X años de holding y representa más del Y% de mi patrimonio, consideraré vender Z% para rebalancear y asegurar ganancias parciales]

O: □ No planeo vender en horizonte actual, revisaré en _____ años

Mi respuesta a volatilidad extrema:

Cuando el precio caiga >30%: Acción:

_____

Cuando el precio suba >100%: Acción:

_____

Mi promesa a mí mismo:

Yo, _____, entiendo que invertir en criptomonedas conlleva riesgo significativo. He leído este libro, entiendo los conceptos, he protegido mis fondos adecuadamente, y he creado un plan que puedo sostener sin importar la volatilidad del mercado.

Me comprometo a seguir este plan con disciplina, a no tomar decisiones impulsivas basadas en emociones temporales, y a recordar que el éxito en inversión se mide en años, no en días.

Fecha: _____

Cómo usar este manifiesto:

Imprímelo o guárdalo en nota accesible. Cuando sientas impulso de desviarte de tu plan, léelo completo antes de hacer cualquier cosa. En la mayoría de casos, recordar tus principios establecidos con cabeza fría te salvará de errores emocionales.

Este documento es tu yo racional hablándole a tu yo emocional futuro.

Has llegado al final de tu educación fundamental sobre inversión en XRP. Has aprendido qué es, cómo comprarlo, cómo protegerlo, cómo defenderte de estafas, y cómo comportarte mientras lo tienes.

Ya no eres la persona que comenzó este libro con miedo y confusión. Eres alguien con conocimiento, plan y herramientas.

Pero el conocimiento sin acción es teoría vacía. Y la acción sin preparación es imprudencia.

El siguiente capítulo es el último. No porque no haya más que aprender, sino porque has llegado al punto donde el siguiente paso es tuyo. Es momento de actuar, o de decidir conscientemente esperar. Pero desde un lugar de claridad, no de miedo.

Continúa con el Capítulo 6: El Comienzo Real – De Lector a Inversor Consciente

CAPÍTULO 6
EL JUEGO FINAL: ESTRATEGIA DE SALIDA, IMPUESTOS Y EL FUTURO DE XRP

Has hecho todo correctamente hasta ahora. Compraste XRP de forma segura. Lo protegiste en tu hardware wallet. Creaste un plan de inversión disciplinado. Aprendiste a defenderte de estafas y a controlar tus emociones.

Pero hay una pregunta que probablemente has estado evitando, incluso inconscientemente: ¿Cuándo termina esto?

No es una pregunta incómoda. Es la pregunta más importante que un inversor maduro debe responder. Porque invertir sin objetivo final no es inversión estratégica, es acumulación ciega. Y la acumulación ciega sin plan de salida es como construir un barco sin saber para qué océano navegarás.

Este capítulo trata sobre completar el ciclo. Sobre tener un plan no solo para entrar, sino para salir. Sobre entender que vender no es traición ni fracaso, es la culminación natural de una inversión bien ejecutada.

Al final de estas páginas, tendrás claridad total sobre el arco completo de tu inversión en XRP: desde el primer euro hasta el último.

PARTE 1: LA PARTE QUE NADIE EXPLICA – POR QUÉ NECESITAS UN PLAN DE SALIDA

"HODL para siempre" no es una estrategia

En la cultura cripto existe un mantra casi religioso: HODL. "Hold On for Dear Life" - mantener pase lo que pase, nunca vender, solo acumular.

Para algunos, esto se ha convertido en identidad. Vender se considera debilidad. Tomar ganancias se ve como traición a la comunidad. El "verdadero creyente" nunca vende.

Este pensamiento es peligroso por una razón simple: **confunde inversión con fe religiosa.**

Una inversión tiene propósito. Inviertes para lograr algo específico en tu vida. Para:

- Comprar una casa
- Financiar la educación de tus hijos
- Retirarte antes
- Tener seguridad financiera
- Libertad para tomar decisiones sin estar atado económicamente

Si nunca vendes, nunca logras ninguno de estos objetivos. Tus XRP son números en una pantalla que te hacen sentir bien emocionalmente pero no cambian materialmente tu vida.

Déjame ser claro: **mantener a largo plazo es absolutamente válido.** Pero "largo plazo" debe tener una definición. No puede ser "para siempre sin importar qué" porque eso elimina el propósito mismo de invertir

Invertir vs Apostar

Invertir es colocar capital con expectativa razonable de retorno para lograr objetivos vitales específicos. Tiene horizonte temporal definido. Tiene criterios de éxito. Tiene plan de salida.

Apostar es colocar dinero esperando multiplicarlo sin plan concreto de qué harás con las ganancias si ocurren. El objetivo es "ganar más" sin definición de "suficiente".

Ejemplos:

Inversión: "Compraré XRP durante 3 años mediante DCA. Si en 5 años mi inversión se ha multiplicado por 4-5x, venderé 50% para dar entrada a una casa. El resto lo mantendré otros 3-5 años."

Apuesta: "Compraré XRP y lo mantendré hasta que alcance [precio imposiblemente alto]. Si llega ahí, seré rico. Si no llega, mantendré para siempre."

¿Ves la diferencia?

La inversión tiene:

- Horizonte temporal concreto
- Objetivo vital específico
- Métricas de éxito definidas
- Plan de acción al alcanzar esas métricas

La apuesta tiene solo esperanza difusa de riqueza sin plan de materialización.

No hay nada éticamente malo con apostar, si eso es lo que conscientemente eliges hacer. El problema es cuando crees que estás invirtiendo pero realmente estás apostando.

Decidir antes de que aparezcan las emociones

Cuando XRP haya subido 300% y todos a tu alrededor estén gritando "HODL, esto va a 10x más", tu cerebro estará inundado de dopamina y codicia. No será momento óptimo para tomar decisiones racionales.

Cuando XRP haya caído 60% y todos estén proclamando que "esto va a cero", tu cerebro estará en pánico existencial. Tampoco será momento óptimo para decisiones racionales.

El único momento para crear tu plan de salida es **ahora, cuando no estás bajo estrés emocional extremo.**

Piensa en ello como escribir un testamento. No lo escribes en tu lecho de muerte cuando las emociones están al máximo. Lo escribes en un día tranquilo cuando puedes pensar con claridad.

Tu plan de salida es tu testamento de inversión. Escríbelo hoy, cuando tienes perspectiva. Ejecútalo mañana, cuando las emociones intenten sabotearte.

PARTE 2: DEFINIENDO TUS OBJETIVOS

2.1 Objetivos financieros y de vida

Antes de decidir cuándo vender, necesitas saber **por qué** estás invirtiendo en primer lugar.

"Para ganar dinero" no es suficiente. El dinero es medio, no fin. ¿Qué quieres que el dinero haga por ti?

Seguridad:

Para algunas personas, el éxito de su inversión en XRP significa simplemente tener un colchón financiero que les dé tranquilidad. No buscan riqueza extraordinaria. Buscan no tener que preocuparse si pierden el empleo temporalmente o si surge una emergencia médica.

Si este es tu objetivo, tu plan de salida podría ser: "Cuando mi inversión en XRP represente 6-12 meses de gastos de vida, vendo para asegurar ese fondo de emergencia."

Libertad:

Para otros, el éxito significa reducir dependencia del trabajo tradicional. Poder trabajar menos horas. Poder decir "no" a proyectos que no les interesan. Poder tomarse tiempo sabático.

Si este es tu objetivo, tu plan de salida podría ser: "Cuando mi inversión cubra 2-3 años de gastos modestos, vendo para financiar ese período de transición profesional."

Tranquilidad:

Para otros, el éxito significa simplemente haber participado en algo que creen tiene futuro, sin que el resultado numérico sea lo más importante. El proceso de aprender, proteger, y gestionar fue valioso en sí mismo.

Si este es tu objetivo, tu plan de salida podría ser: "Mantendré a muy largo plazo (10+ años) con intención de ver cómo evoluciona el ecosistema. Venderé solo si necesito capital para vida o si los fundamentos cambian drásticamente."

Objetivo específico:

Para muchos, hay un objetivo material concreto. Entrada para vivienda. Pago de deuda significativa. Educación universitaria de hijos. Empezar un negocio.

Si este es tu objetivo, tu plan de salida debería alinearse exactamente con el timing y cantidad necesaria para ese objetivo.

Separa dinero de ego:

Aquí está la trampa psicológica que atrapa a muchos inversores: confundir el tamaño de su portfolio con su valor como persona.

Si tu inversión de 2,000 euros se convierte en 20,000 euros, eso no te hace "mejor" o "más inteligente" que quien no invirtió. Tuviste combinación de investigación, disciplina y suerte favorable.

Si tu inversión cae a 500 euros, eso no te hace "peor" o "tonto". Asumiste riesgo conscientemente y esta vez el resultado no fue favorable.

El dinero es herramienta para vivir la vida que quieres, no es medida de tu valía humana.

Esta separación es crítica porque te permite tomar decisiones racionales. Si tu ego está atado a "nunca vender porque vender es perder", tomarás decisiones terribles. Si tu ego está atado a "ser el que ganó más", tomarás decisiones igualmente terribles.

Mantén el dinero como herramienta. Nada más, nada menos.

2.2 Worksheet de objetivos

Define tu "por qué" con claridad. Rellena este worksheet honestamente:

MI PLAN DE OBJETIVOS PARA INVERSIÓN EN XRP

¿Por qué estoy invirtiendo en XRP? (Sé específico más allá de "ganar dinero")

Mi objetivo principal es: ☐ Seguridad financiera (fondo de emergencia robusto) ☐ Libertad profesional (reducir dependencia laboral) ☐ Objetivo material específico (casa, educación, negocio) ☐ Participación en nuevo ecosistema (interés más allá de retorno financiero) ☐ Diversificación de patrimonio a largo plazo ☐ Otro: _____

Detalle del objetivo:

Si es objetivo material: ¿Qué específicamente? _____
¿Cuánto dinero necesito para lograrlo? _____

Si es seguridad: ¿Cuántos meses de gastos quiero cubrir? _____

Si es libertad: ¿Qué cambio concreto haría en mi vida? _____

Horizonte temporal realista:

Mi inversión es para: ☐ 1-2 años (corto plazo - riesgoso en cripto) ☐ 3-5 años (medio plazo - más razonable) ☐ 5-10 años (largo plazo - ideal para volatilidad) ☐ 10+ años (muy largo plazo - requiere convicción fuerte)

Condiciones bajo las cuales consideraría vender:

Condiciones de éxito (vendo porque logré el objetivo):

1. Si mi inversión alcanza ___x multiplicador de capital inicial
2. Si XRP alcanza cierto nivel de adopción fundamental: _____
3. Si transcurre mi horizonte temporal planeado: _____ años
4. Si necesito el capital para objetivo vital definido arriba

Condiciones de precaución (vendo porque algo cambió fundamentalmente):

1. Si los fundamentos de XRP cambian drásticamente:
   _____

2. Si regulación hace inviable el caso de uso:
   _____

3. Si mi situación personal cambia y necesito liquidez urgente
4. Si mi tesis de inversión se invalida por: _____

¿Cuánto vendería en cada escenario?
Si mi inversión se multiplica por 3x, vendería: ___% Si mi inversión se multiplica por 5x, vendería: ___% Si mi inversión se multiplica por 10x, vendería: ___%

Si mi inversión cae 50% sostenidamente, consideraría: □ Mantener (si fundamentos no cambiaron) □ Vender parcialmente para limitar pérdida □ Revisar completamente mi tesis

Mi definición personal de "éxito" en esta inversión:
(Ejemplo: "Éxito es haber participado disciplinadamente, aprendido sobre autocustodia y ecosistemas cripto, y si además obtengo retorno positivo que me permita dar entrada a vivienda, consideraré la inversión completamente exitosa")

Guarda este worksheet. Revisítalo cada 6-12 meses. Tus objetivos pueden evolucionar y está bien. Lo importante es siempre tener claridad sobre tu "por qué".

PARTE 3: ESTRATEGIAS DE TOMA DE GANANCIAS

Ahora que sabes por qué inviertes y qué constituye éxito, hablemos del "cómo" táctico de materializar ganancias.

3.1 Venta por porcentajes

Esta estrategia implica vender fracciones de tu posición a medida que se alcanzan ciertos hitos, nunca todo de golpe.

Cómo funciona:

Defines puntos específicos donde venderás porcentajes predeterminados.

Ejemplo conceptual:

- Cuando mi inversión alcance 3x: vendo 20%
- Cuando alcance 5x: vendo 25% adicional (45% total vendido)
- Cuando alcance 8x: vendo 25% adicional (70% total vendido)
- Mantengo el 30% restante indefinidamente o hasta horizonte temporal final

Ventajas:

Asegura ganancias progresivamente: Aunque el precio colapse después, ya materializaste retornos reales.

Reduce presión emocional: Cada venta parcial reduce el riesgo de tu posición. Es más fácil mantener el 30% restante cuando ya sacaste 70% con ganancia.

Participa en posibles subidas adicionales: Si el precio continúa subiendo después de tu primera venta, todavía tienes exposición.

Desventajas:

Podrías vender "demasiado pronto": Si el precio continúa subiendo dramáticamente, sentirás que "dejaste dinero en la mesa".

Genera múltiples eventos fiscales: Cada venta es un hecho imponible que debes reportar.

Requiere disciplina: Necesitas ejecutar las ventas cuando se alcanzan los niveles, incluso si "sientes" que debería subir más.

3.2 Recuperar la inversión inicial

Esta estrategia se enfoca en un objetivo psicológico simple: sacar tu capital inicial para que tu inversión restante sea "dinero gratis".

Cómo funciona:

Cuando tu inversión se haya multiplicado suficientemente, vendes exactamente la cantidad que recupera tu inversión inicial en euros/dólares.

Ejemplo:

Invertiste 5,000 euros. Tu posición ahora vale 15,000 euros (3x). Vendes 5,000 euros de XRP (equivalente a 33% de tu posición). Mantienes 10,000 euros en XRP (67% de tu posición).

Ahora, psicológicamente, estás "jugando con dinero de la casa". Tu capital inicial está seguro. El XRP restante puede subir o bajar y ya no afecta tu capital original.

Ventajas:

Enorme alivio psicológico: Elimina el miedo a "perder tu dinero". Lo que queda es ganancia pura.

Protección contra colapsos: Si el mercado colapsa después, no perdiste tu capital inicial.

Te permite mantener largo plazo sin estrés: Es mucho más fácil HODLar cuando ya recuperaste lo invertido.

Desventajas:

Reduce exposición significativa: Podrías vender una porción grande justo antes de multiplicaciones adicionales.

Puede no ser óptimo numéricamente: Desde perspectiva puramente financiera, mantener todo hasta objetivos más altos podría generar más retorno. Pero la tranquilidad mental tiene valor.

3.3 DCA inverso (salida escalonada)

Así como entraste mediante compras regulares espaciadas en el tiempo, puedes salir mediante ventas regulares espaciadas.

Cómo funciona:

Decides que es momento de reducir o cerrar tu posición. En lugar de vender todo en un día, vendes cantidades fijas a intervalos regulares.

Ejemplo:

Decides cerrar tu posición durante los próximos 6 meses. Tienes 1,000 XRP. Vendes 166 XRP el día 1 de cada mes durante 6 meses.

Ventajas:

Promedia el precio de salida: Igual que DCA promedió tu entrada, DCA inverso promedia tu salida. No vendes todo en el punto más bajo ni más alto, vendes en el promedio.

Reduce arrepentimiento: Si el precio sube después de tu primera venta, todavía tienes más para vender a mejor precio. Si cae, al menos vendiste parte a precio mejor.

Emocionalmente más manejable: Vender gradualmente es menos estresante que tomar la decisión de "vender todo hoy".

Desventajas:

Extiende el proceso: Si necesitas liquidez urgente para objetivo específico, DCA inverso podría ser lento.

Requiere disciplina inversa: Debes continuar vendiendo incluso si el precio está subiendo y sientes que deberías "esperar más".

Múltiples eventos fiscales: Como todas las estrategias fraccionadas, genera más transacciones que reportar.

La estrategia perfecta no existe

Aquí está la verdad incómoda: **no puedes vender en el techo absoluto del mercado de forma consistente.** Nadie puede.

Si vendes y el precio continúa subiendo, sentirás arrepentimiento. Si mantienes esperando más subida y el precio cae, sentirás arrepentimiento.

El arrepentimiento es inevitable en algún grado. Acéptalo ahora.

Lo que SÍ puedes hacer es:

1. **Definir tu estrategia con anticipación** cuando no estás bajo presión emocional
2. **Ejecutar esa estrategia con disciplina** aunque no sea "perfecta" en retrospectiva
3. **Medir éxito por coherencia con tu plan**, no por resultado óptimo imposible

Si tu plan era vender 50% cuando alcances 5x y lo haces, eso es éxito. Que el precio suba o baje después es irrelevante. Ejecutaste tu plan.

La coherencia con tu estrategia es controlable. El timing perfecto del mercado no lo es.

PARTE 4: EL PROCESO TÉCNICO DE VENTA

Cuando llega el momento de ejecutar una venta, el proceso técnico debe ser tan cuidadoso como cuando compraste.

Preparación pre-venta

1. Verifica que tu exchange permite ventas de XRP a fiat

No todos los exchanges que permiten comprar permiten vender directamente a euros/dólares. Algunos solo permiten trading cripto-a-cripto.

Confirma que tu exchange permite:

- Vender XRP directamente a EUR o USD
- Retirar esos euros/dólares a tu cuenta bancaria

2. Verifica límites de retiro

Los exchanges tienen límites diarios/mensuales de cuánto puedes retirar. Si planeas vender cantidad significativa, confirma que no excederás esos límites. Si sí los excedes, planifica ventas escalonadas o completa niveles superiores de verificación con anticipación.

3. Ten cuentas bancarias y fiscales en orden

Asegúrate de que:

- Tu cuenta bancaria está verificada en el exchange
- Los retiros irán a cuenta a tu nombre (no de terceros)
- Tienes documentación para justificar origen de fondos si tu banco pregunta

Transferencia de hardware wallet a exchange

Paso 1: Conecta tu hardware wallet

Abre Ledger Live (o aplicación de tu wallet). Conecta tu dispositivo. Desbloquea con tu PIN. Abre la aplicación XRP en el dispositivo.

Paso 2: Verifica la dirección de depósito del exchange

En tu exchange:

- Ve a "Depósito" o "Deposit"
- Selecciona XRP
- El exchange mostrará una dirección XRP y un Destination Tag

CRÍTICO: XRP usa un sistema de Destination Tag para identificar depósitos. Es un número adicional junto a la dirección.

Debes enviar a:

- Dirección XRP del exchange
- CON el Destination Tag específico que te dieron

Si omites el Destination Tag, tus XRP podrían perderse o quedar congelados requiriendo contacto con soporte (lento y estresante).

Paso 3: Envía una cantidad pequeña de prueba primero

Aunque ya hayas enviado de este exchange antes, si han pasado meses, haz una transferencia de prueba de 20-50 XRP.

En Ledger Live:

- Haz clic en "Send"
- Introduce la dirección del exchange
- Introduce el Destination Tag
- Introduce cantidad pequeña
- Verifica TODO tres veces
- Confirma en el dispositivo físico

Espera 1-2 minutos. Verifica en tu exchange que llegaron los XRP.

Paso 4: Transfiere la cantidad completa que planeas vender

Una vez confirmada la prueba, transfiere la cantidad completa siguiendo el mismo proceso.

Proceso de venta en el exchange

Paso 1: Ve a la sección de trading

Busca el par XRP/EUR (o XRP/USD).

Paso 2: Selecciona tipo de orden

Orden de mercado: Vende al precio actual inmediatamente. Simple, rápido, pero aceptas el precio que haya en ese momento.

Orden limitada: Defines el precio mínimo al que quieres vender. La orden solo se ejecuta si el precio alcanza ese nivel. Más control, pero podrías esperar si el precio no llega ahí.

Para la mayoría de ventas, orden de mercado es suficiente a menos que el mercado esté extremadamente volátil.

Paso 3: Introduce cantidad

Especifica cuántos XRP quieres vender.

El exchange mostrará:

- Cuántos euros/dólares recibirás aproximadamente
- Las comisiones que se aplicarán
- El total neto que recibirás

Paso 4: Confirma la venta

Revisa todos los detalles. El exchange puede pedir tu código 2FA. Confirma.

La venta se ejecuta en segundos. Tu balance de XRP disminuye. Tu balance de euros/dólares aumenta.

Retiro a tu cuenta bancaria

Paso 1: Verifica tu cuenta bancaria

Si aún no has retirado dinero de este exchange, necesitarás añadir y verificar tu cuenta bancaria primero. El exchange pedirá:

- Número de cuenta / IBAN
- Nombre del titular (debe coincidir con tu cuenta del exchange)
- A veces, comprobante de titularidad

Paso 2: Inicia retiro

Ve a "Retiro" o "Withdraw". Selecciona EUR o USD. Selecciona tu cuenta bancaria verificada. Introduce cantidad a retirar.

Paso 3: Considera las comisiones y tiempos

Los exchanges cobran comisiones por retiros fiat (generalmente pequeñas, 1-5 euros).

Las transferencias SEPA (en Europa) tardan 1-3 días laborables.

Paso 4: Confirma y espera

Confirma el retiro. El exchange enviará email de confirmación. Los fondos llegarán a tu cuenta bancaria en 1-3 días.

Qué esperar de tu banco

Si es la primera vez que recibes transferencia de un exchange de criptomonedas, o si la cantidad es significativa, tu banco podría:

- Llamarte para verificar que autorizaste la transferencia
- Pedir documentación sobre el origen de los fondos
- Congelar temporalmente los fondos mientras investigan

Esto es normal bajo regulaciones anti-lavado de dinero. No entres en pánico.

Documentación útil para tener preparada:

- Extractos del exchange mostrando tus compras originales
- Extractos mostrando la venta reciente
- Documentación de KYC del exchange
- Declaraciones fiscales si ya pagaste impuestos sobre ganancias cripto en años anteriores

Sé cooperativo y transparente con tu banco. Estas transacciones son legales. Solo necesitan verificar.

PARTE 5: EL DOLOR DE CABEZA DE HACIENDA – INTRODUCCIÓN A LOS IMPUESTOS

5.1 Disclaimer legal

Nada en esta sección constituye asesoramiento fiscal profesional.
Las leyes fiscales sobre criptomonedas:

- Varían significativamente entre países
- Cambian frecuentemente
- Son interpretadas de formas diferentes por distintas autoridades
- Requieren análisis específico de tu situación personal

Debes consultar con un asesor fiscal profesional en tu jurisdicción antes de tomar decisiones fiscales sobre tus inversiones en criptomonedas.

Lo que sigue es educación general sobre conceptos fiscales comunes, enfocada principalmente en España pero con principios aplicables ampliamente. No es consejo fiscal específico para ti.

5.2 Hechos imponibles

En la mayoría de jurisdicciones, ciertos eventos relacionados con criptomonedas generan obligaciones fiscales:

Venta de criptomonedas a dinero fiat (euros, dólares)

Cuando vendes XRP por euros, estás realizando una ganancia o pérdida de capital.

Si compraste 100 XRP a 0.50€ cada uno (inversión: 50€) y vendes esos 100 XRP a 2€ cada uno (venta: 200€), tu ganancia es 150€.

Esa ganancia generalmente está sujeta a impuesto sobre ganancias de capital.

Intercambio de criptomoneda a criptomoneda

En muchos países (incluida España), intercambiar XRP por Bitcoin, o XRP por Ethereum, también es considerado hecho imponible.

Cada intercambio cripto-a-cripto se trata como si hubieras vendido la primera cripto a fiat y comprado la segunda con ese fiat.

Rendimientos (staking, lending, airdrops)

Si generaste rendimientos mediante lending de XRP o recibiste airdrops gratuitos, esos también pueden ser imponibles:

- Como rendimiento de capital mobiliario (intereses)
- Como ganancia patrimonial (airdrops, dependiendo de interpretación)

Simplemente mantener (HODLing) NO es hecho imponible

Si compraste XRP y lo mantienes en tu wallet sin vender ni intercambiar, no has realizado ganancia o pérdida. No hay obligación fiscal hasta que vendas o intercambies.

5.3 Preparación fiscal

Importancia del registro meticuloso

La gestión fiscal de criptomonedas es responsabilidad tuya. Los exchanges proporcionan algunos datos, pero tú debes mantener registros completos.

Qué datos debes guardar:

Para cada compra:

- Fecha
- Cantidad de XRP comprada
- Precio pagado (en euros/dólares)
- Comisiones
- Exchange utilizado

Para cada venta:

- Fecha
- Cantidad de XRP vendida
- Precio recibido (en euros/dólares)
- Comisiones

- Exchange utilizado

Para cada transferencia entre wallets:

- Fecha
- Cantidad
- Direcciones origen y destino
- Razón (consolidación, movimiento a cold storage, etc.)

Para rendimientos:

- Fecha de recepción
- Tipo (airdrop, lending, etc.)
- Valor en euros/dólares en el momento de recepción

Herramientas de gestión fiscal cripto:
Existen plataformas diseñadas para ayudar con contabilidad fiscal de criptomonedas:

- Koinly
- CoinTracking
- CryptoTax
- Accointing

Estas herramientas (sin afiliación):

- Se conectan a exchanges mediante API para importar transacciones
- Calculan automáticamente ganancias y pérdidas
- Generan reportes fiscales según tu país

Son especialmente útiles si tienes muchas transacciones o múltiples exchanges.

Método de cálculo de coste base:
Cuando vendes solo una porción de tus XRP, necesitas determinar el "coste base" de lo que vendiste.

Los métodos comunes son:

FIFO (First In, First Out): Asumes que vendes primero los XRP que compraste primero.

Promedio ponderado: Calculas el precio promedio de todos tus XRP y usas ese como coste base.

Tu jurisdicción puede requerir método específico. En España, generalmente se acepta FIFO.

Declaración y pago:

En España:

- Las ganancias de capital de criptomonedas se declaran en la Declaración de la Renta (IRPF)
- Se incluyen en la base imponible del ahorro
- Los tipos van del 19% al 28% (según la cantidad)

En Latinoamérica las reglas varían enormemente por país. Algunos ejemplos:

- **México:** Ganancias se consideran ingresos y tributan según escala general (hasta 35%)
- **Argentina:** Impuesto a las ganancias puede aplicar, regulaciones evolucionando
- **Chile:** Ganancias de capital tributan al 10% (con posibles retenciones)
- **Colombia:** Régimen específico de tributación sobre rentas de capital

Repito: consulta con profesional fiscal en tu país específico.

Si no declaras:

El incumplimiento fiscal tiene consecuencias:

- Multas
- Intereses de demora
- En casos graves, consecuencias penales

Las autoridades fiscales están cada vez más sofisticadas rastreando transacciones cripto. Exchanges en jurisdicciones reguladas reportan información a autoridades fiscales.

La transparencia desde el principio es infinitamente mejor que intentar corregir años de no declaración después.

PARTE 6: EL FUTURO DE XRP Y EL NUEVO SISTEMA FINANCIERO

6.1 ISO 20022 revisitado

En el Capítulo 1 introdujimos ISO 20022. Ahora que tienes perspectiva completa, revisitemos su significado real.

Lo que ISO 20022 SÍ es:

Un estándar internacional de mensajería financiera que está siendo adoptado por instituciones globales para modernizar sistemas de pago. XRP Ledger es compatible de forma nativa con este estándar.

Lo que ISO 20022 NO es:

Una garantía de que bancos usarán XRP. Una lista cerrada de "criptomonedas elegidas". Un evento mágico que asegura apreciación de precio.

Impacto realista:

La adopción de ISO 20022 por sistemas financieros globales crea un entorno más favorable para tecnologías compatibles como XRP Ledger. Reduce barreras técnicas para integración.

Pero bancos pueden usar ISO 20022 sin usar XRP. Pueden usar sistemas compatibles que compiten con Ripple. Pueden desarrollar sus propias soluciones.

Lo que ISO 20022 hace es **reducir fricciones** para adopción potencial. No garantiza adopción.

6.2 CBDCs y el rol de Ripple

Qué son las CBDCs:

Central Bank Digital Currencies - monedas digitales emitidas por bancos centrales. Dinero fiat (euros, dólares, pesos) pero en forma digital nativa en blockchain.

Múltiples países están explorando o pilotando CBDCs:

- China con el yuan digital (ya en uso limitado)
- Europa con el euro digital (en fase de investigación)
- Varios países de Latinoamérica en etapas de exploración

Rol potencial de Ripple:

Ripple ha trabajado con múltiples bancos centrales proporcionando tecnología para pilotos de CBDC. No necesariamente usando XRP, sino la tecnología del XRP Ledger y soluciones de Ripple.

Qué podría significar para XRP (sin promesas):

Escenario optimista: Si XRP se utiliza como puente de liquidez entre CBDCs de diferentes países, su utilidad aumentaría significativamente. Más uso → más demanda → potencial apreciación.

Escenario neutral: Ripple como empresa prospera facilitando infraestructura CBDC, pero XRP no se integra en estos sistemas. Ripple hace bien, XRP se beneficia indirectamente de reputación pero no directamente de uso.

Escenario negativo: CBDCs son adoptadas ampliamente usando tecnología completamente diferente que hace obsoleto el caso de uso de XRP como puente. Ripple pivota su negocio, XRP pierde relevancia.

Cuál escenario ocurrirá: Nadie lo sabe con certeza. Incluido Ripple.

Lo que podemos decir es que Ripple está posicionada como jugador relevante en conversaciones sobre modernización de sistemas de pago. Si eso se traduce en utilidad directa para XRP depende de decisiones de instituciones y gobiernos que tomarán años en materializarse.

6.3 Visión a 5-10 años

Hablemos con honestidad brutal sobre escenarios posibles.

Oportunidades:

Adopción institucional progresiva: Si más instituciones financieras adoptan RippleNet y específicamente ODL usando XRP, el volumen de uso real podría crecer significativamente.

Claridad regulatoria global: Con más países definiendo marcos legales claros para criptomonedas, la incertidumbre que ha limitado adopción institucional podría reducirse.

Crecimiento del ecosistema XRPL: Más proyectos DeFi, NFTs, y aplicaciones construidas en XRP Ledger podrían aumentar demanda del token nativo.

Integración en infraestructura CBDC: Como mencionamos, si XRP juega rol en interoperabilidad entre CBDCs, el caso de uso se expande enormemente.

Riesgos:

Competencia tecnológica: Blockchains más nuevas con capacidades similares o superiores podrían capturar cuota de mercado que XRP esperaba dominar.

Cambio regulatorio adverso: Aunque el caso SEC se resolvió favorablemente, futuras regulaciones en otras jurisdicciones podrían limitar uso o acceso a XRP.

Fallo en materializar adopción: Si después de años, las instituciones no adoptan XRP a escala significativa, la tesis de inversión se debilita.

Disrupción tecnológica: Avances en otras áreas (Lightning Network para Bitcoin, desarrollo de Ethereum, nuevas soluciones de layer 2) podrían resolver problemas de forma que hace menos relevante la propuesta de XRP.

Incertidumbre inherente:

La verdad incómoda es que predecir el futuro de cualquier tecnología a 5-10 años es especulación fundamentada en el mejor caso.

Bitcoin tenía tesis clara en 2014. La realidad de 2024 fue diferente (mejor en algunos aspectos, diferente en otros).

Ethereum tenía roadmap en 2016. Ha cambiado dramáticamente múltiples veces.

XRP tendrá su propia evolución que no podemos predecir con certeza.

Lo que puedes controlar:

- Entender la tesis de inversión actual
- Monitorear si los fundamentos cambian significativamente
- Tener plan de salida para diferentes escenarios

- No apostar más de lo que puedes permitirte perder
- Mantener expectativas realistas

Lo que no puedes controlar:

- Si Ripple cierra contratos masivos con bancos
- Si reguladores favorecen o limitan criptomonedas
- Si tecnologías competidoras superan a XRP
- Si el mercado cripto general entra en ciclo alcista o bajista prolongado

Invierte basándote en lo que puedes entender y controlar. Acepta la incertidumbre sobre lo que no puedes controlar.

PARTE 7: RESUMEN Y PLAN A LARGO PLAZO

7.1 Resumen del capítulo

Has completado la educación sobre el ciclo completo de inversión en XRP.

Un plan de salida no es pesimismo, es madurez. Invertir sin objetivo final es apostar, no invertir estratégicamente. Tu plan de salida define qué constituye éxito para ti.

Tus objetivos vitales determinan tu estrategia: Seguridad, libertad, objetivos materiales específicos - cada uno requiere diferente horizonte temporal y diferentes condiciones de salida.

Existen múltiples estrategias de toma de ganancias: Venta por porcentajes, recuperar inversión inicial, DCA inverso. No hay estrategia perfecta. Lo importante es coherencia con tu plan.

El proceso técnico de venta requiere mismo cuidado que la compra: Transferencia de prueba, verificación de Destination Tag, confirmación de llegada, venta cuidadosa, retiro a banco verificado.

Los impuestos son realidad innegociable: Vender cripto genera obligaciones fiscales en casi todas las jurisdicciones. Mantén registros meticulosos y consulta profesional fiscal.

El futuro de XRP tiene oportunidades y riesgos: ISO 20022,

CBDCs, adopción institucional son potenciales positivos. Competencia, regulación, fallo en adopción son riesgos reales. Nadie conoce el resultado con certeza.

La incertidumbre es parte del juego: Inviertes basándote en probabilidades y análisis, no en certezas. Acepta lo que no puedes controlar y gestiona bien lo que sí puedes.

7.2 Plan XRP a largo plazo

Esta es la plantilla final. Tu plan maestro que consolida todo lo aprendido en este libro.

MI PLAN MAESTRO XRP - CICLO COMPLETO

FASE 1: ENTRADA (Completada o en progreso)

□ He definido mi capital de riesgo: _____ euros □ He elegido mi exchange confiable: _____ □ He configurado 2FA y seguridad máxima □ He completado verificación KYC □ Estrategia de entrada: □ Única □ DCA durante _____ meses

Mi precio promedio de entrada actual: _____ (actualizar periódicamente)

FASE 2: PROTECCIÓN (Crítica - debe estar completada)

□ Compré hardware wallet de fabricante oficial □ Configuré wallet y generé frase semilla nueva □ Guardé frase semilla en papel, dos ubicaciones físicas □ Transferí XRP del exchange a mi wallet □ Verifico que nadie excepto yo tiene acceso a frase semilla

Ubicaciones de respaldos de frase semilla (sin especificar exactamente):

Última verificación de legibilidad: _____

FASE 3: GESTIÓN (Presente continuo)

Mi perfil de riesgo: □ Conservador □ Moderado □ Agresivo

Reglas de comportamiento comprometidas: □ Reviso precio máximo _____ vez(ces) por [semana/mes] □ No reacciono a volatilidad de corto plazo □ Sigo mi plan sin importar FOMO o FUD □ Mantengo registro de todas las transacciones para impuestos □ Reviso fundamentos cada _____ meses

Medidas contra estafas activadas: □ Nunca comparto frase semilla □ No respondo mensajes directos no solicitados □ Verifico URLs antes de introducir credenciales □ No caigo en giveaways falsos

FASE 4: SALIDA (Planeada para futuro)

Mi objetivo vital de esta inversión:

Horizonte temporal mínimo: _____ años

Condiciones de éxito que activarían venta:

Multiplicador: Si alcanza ___x mi inversión inicial Temporal: Si transcurre _____ años Fundamental: Si XRP alcanza adopción de _____ Vital: Si necesito capital para _____

Estrategia de toma de ganancias elegida: □ Venta por porcentajes □ Recuperar inversión inicial primero □ DCA inverso □ Combinación: _____

Plan específico:

Si mi inversión alcanza 3x, venderé: _____% Si alcanza 5x, venderé: _____% Si alcanza 10x, venderé: _____%

Condiciones de precaución que activarían revisión completa:

Preparación fiscal: □ Mantengo registro detallado de todas las compras □ Tengo herramienta de tracking fiscal configurada (opcional) □ Conozco profesional fiscal para consultar cuando venda □ Entiendo que debo declarar ganancias realizadas

COMPROMISO FINAL

Hoy, _____ (fecha), después de completar la lectura de "XRP Sin Miedo", declaro que:

□ Entiendo completamente qué es XRP y por qué invertí □ He protegido mis fondos con máxima seguridad posible □ Tengo plan claro de entrada, gestión y salida □ Acepto la volatilidad y riesgo inherente □ No he invertido más de lo que puedo permitirme perder □ Mantendré disciplina emocional según este plan □ Revisaré y actualizaré este plan cada _____ meses

Próxima revisión programada: _____

Este plan es mi ancla. Cuando el mercado sea caótico, volveré aquí. Cuando las emociones sean intensas, leeré esto. Cuando sienta impulso de desviarme, recordaré por qué creé este plan con cabeza fría.

Firma (simbólica): _____

Guarda este plan. Imprímelo o mantenlo en archivo seguro. Es tu mapa completo.

Cuando dentro de 3, 5 o 10 años mires atrás, este documento te mostrará que no improvisaste. Que tuviste estrategia. Que actuaste con disciplina.

Y sin importar el resultado final del precio de XRP, sabrás que hiciste todo correctamente dentro de lo que estaba bajo tu control.

Eso, en sí mismo, es éxito como inversor.

Has completado tu viaje a través de este libro. De principiante confundido y asustado a inversor informado y preparado.

Ya no tienes miedo porque ya no tienes ignorancia. Entiendes qué compraste, cómo protegerlo, cómo comportarte con él, y cómo eventualmente completar el ciclo.

Pase lo que pase con el precio de XRP en los próximos años, tú estarás preparado. Tienes conocimiento. Tienes plan. Tienes las herramientas.

El libro termina aquí. Pero tu camino como inversor apenas comienza.

Continúa con la Conclusión: El Verdadero Comienzo

CONCLUSIÓN: EL VERDADERO COMIENZO

HAS CONSTRUIDO TU FORTALEZA

Recuerda cómo empezaste este libro.

Probablemente llevabas semanas, quizás meses, dando vueltas alrededor de XRP. Leyendo artículos contradictorios. Viendo videos que prometían fortunas instantáneas. Escuchando a amigos o conocidos hablar de ganancias extraordinarias. Y mientras tanto, tú estabas paralizado.

No por cobardía. Por inteligencia.

Sabías que había algo que no entendías. Sabías que un paso en falso podría costarte dinero real. Sabías que el mundo de las criptomonedas estaba lleno de trampas para principiantes. Y tenías razón en todo.

Ese miedo inicial no era tu enemigo. Era tu protección contra decisiones impulsivas que arruinan a miles de personas cada año.

Pero el miedo solo es útil cuando te detiene temporalmente mientras aprendes. Cuando se convierte en parálisis permanente, te roba oportunidades.

Por eso estás aquí. Por eso leíste hasta el final.

Y ahora, mira todo lo que has construido:

Entiendes XRP. No de forma superficial. Sabes qué es, para qué sirve, en qué se diferencia de Bitcoin, qué significa el caso SEC, cuál es su ecosistema. Puedes explicárselo a otra persona sin repetir frases vacías de internet. Esa comprensión es tu primer nivel de fortaleza.

Compraste de forma segura. Elegiste un exchange usando criterios objetivos. Activaste todas las medidas de seguridad. Verificaste tu identidad sin miedo irracional a KYC. Ejecutaste tu primera compra, quizás con nerviosismo, pero sin errores. Esa capacidad de acción informada es tu segundo nivel.

Protegiste tus fondos con autocustodia. Invertiste en hardware wallet. Generaste tu frase semilla y la guardaste correctamente en papel, en dos ubicaciones. Transferiste tus XRP del exchange a tu control total. Nadie, absolutamente nadie excepto tú, puede mover esos fondos. Esa soberanía financiera es tu tercer nivel.

Te blindaste contra estafas. Conoces las mecánicas de los falsos giveaways, del phishing, del soporte técnico falso, de los gurús vendedores de humo. Has desarrollado instinto de desconfianza saludable. Sabes que nunca compartirás tu frase semilla, que nunca enviarás fondos esperando recibir el doble, que nunca harás clic en enlaces sospechosos. Esa consciencia de amenazas es tu cuarto nivel.

Creaste una estrategia sostenible. Definiste tu perfil de riesgo honestamente. Estableciste un plan DCA o de inversión única basado en tu situación real. Tienes reglas para manejar FOMO y FUD. Sabes cuándo revisar precio y cuándo ignorarlo. Esa disciplina emocional es tu quinto nivel.

Planeaste tu salida antes de necesitarla. Identificaste tus objetivos vitales. Definiste qué constituye éxito para ti. Estableciste condiciones bajo las cuales venderías. Entiendes el proceso técnico y las implicaciones fiscales. Esa madurez estratégica es tu sexto nivel.

Seis niveles de fortaleza donde antes solo había confusión y miedo.

Ya no improvisas. Ya no reaccionas al último tweet sensacionalista. Ya no dependes del hype para validar tus decisiones.

Tienes conocimiento. Tienes plan. Tienes control.

Eso, por sí mismo, independientemente del precio futuro de XRP, ya es una victoria.

LA NUEVA IDENTIDAD: INVERSOR CONSCIENTE

En el mundo de XRP existe algo llamado #XRPArmy. Es una comunidad global de personas que creen en el futuro de XRP.

Pero aquí necesito aclarar algo importante: **la #XRPArmy no debería ser sobre fanatismo ciego.**

Hay versiones poco saludables de esta comunidad. Gente que convierte XRP en su identidad completa. Que ataca agresivamente a cualquiera que cuestione su inversión. Que predica sobre XRP como religión en lugar de analizarlo como tecnología. Que promete precios absurdos sin fundamento.

Esa no es la versión de #XRPArmy que este libro promueve.

La versión saludable de #XRPArmy es:

Una comunidad de inversores informados que han hecho su investigación, entienden qué compraron, y mantienen expectativas realistas.

Personas que piensan a largo plazo en lugar de buscar ganancias rápidas. Que entienden que la adopción tecnológica toma años, no semanas.

Inversores que priorizan seguridad y autocustodia sobre la comodidad de dejar todo en exchanges. Que protegen sus fondos con seriedad.

Individuos con criterio propio que pueden filtrar ruido de señal, distinguir hype de información real, y tomar decisiones independientes.

Gente que ayuda a otros principiantes compartiendo conocimiento sin vender falsas promesas. Que recuerda su propio miedo inicial y tiene empatía.

Si esto describe cómo te comportarás con tu inversión en XRP, entonces sí, bienvenido a la #XRPArmy en su versión más sana.

Pero nunca olvides: **tu inversión es herramienta para tu vida, no tu identidad.**

XRP puede ser parte de tu estrategia financiera sin ser parte de quién eres como persona. Puedes creer en su potencial sin convertirlo en dogma incuestionable. Puedes participar en la comunidad sin perder tu capacidad de pensamiento crítico.

El día que vendas tus XRP, ya sea con ganancia masiva, pérdida dolorosa, o break-even aburrido, seguirás siendo la misma persona valiosa que eres hoy.

El dinero que ganes o pierdas no te hace mejor ni peor. Solo más o menos cómodo económicamente.

Mantén esa perspectiva siempre.

EL VIAJE NO TERMINA AQUÍ

Este libro te dio los fundamentos. Pero el mundo cripto no se congela en el tiempo.

El mercado cambia. Nuevas tecnologías emergen. Blockchains que no existen hoy podrían ser dominantes en 5 años. Soluciones que parecen revolucionarias hoy podrían ser obsoletas mañana.

Las regulaciones evolucionan. Gobiernos en todo el mundo están definiendo marcos legales para criptomonedas. Algunas decisiones favorecerán a XRP. Otras podrían limitarlo. Este panorama es fluido.

El ecosistema XRP se desarrolla. Nuevos proyectos se construirán en XRP Ledger. Algunos prosperarán. Otros fracasarán. La utilidad real de XRP podría expandirse o contraerse según estos desarrollos.

Ripple como empresa tomará decisiones que afectarán directa o indirectamente al precio y utilidad de XRP. Algunas serás capaz de anticipar. Otras te sorprenderán.

No puedes simplemente leer este libro, ejecutar el plan, y olvidarte durante 10 años esperando que todo salga perfecto.

Necesitas **educación continua**, pero del tipo correcto:

Revisa fuentes oficiales periódicamente. Una vez al mes o trimestre, visita el blog oficial de Ripple. Lee anuncios reales de la empresa. Verifica si ha habido desarrollos significativos en regulación o adopción.

Mantente informado sobre el ecosistema. Nuevos proyectos importantes en XRPL. Actualizaciones del protocolo. Métricas de uso real de ODL. Esta es información que importa.

Filtra el ruido agresivamente. Por cada dato relevante, habrá cien especulaciones sin fundamento. Aprende a distinguir "Ripple firmó acuerdo con banco X" (verificable, importante) de "XRP llegará a $500 según mi análisis de gráfico" (especulación inútil).

Actualiza tu plan cuando cambien fundamentos. Si algo significativo cambia en tu tesis de inversión, revisa tu estrategia. Pero "el precio bajó" no es cambio fundamental. "Nueva regulación prohíbe uso de XRP en tu región" sí lo es.

No necesitas estar conectado 24/7. Una revisión mensual de fuentes confiables es suficiente. Todo lo demás es ruido que te estresa sin aportar valor.

La educación continua no significa obsesión. Significa mantenerte informado lo suficiente para validar que tu plan sigue teniendo sentido, sin convertir el seguimiento de XRP en trabajo de tiempo completo.

RECURSOS RECOMENDADOS (CONSUME CON CRITERIO)

Para continuar tu educación, aquí hay fuentes que priorizan información sobre especulación:

Fuentes oficiales primarias:

- **Ripple.com/insights** - Blog oficial de Ripple. Anuncios corporativos, asociaciones reales, desarrollos técnicos.
- **XRPL.org** - Documentación técnica del XRP Ledger. Para cuando quieras profundizar en aspectos técnicos.
- **Cuentas oficiales de Twitter/X** - @Ripple (empresa), @XRPLF (fundación XRP Ledger). Verifica siempre que sean las cuentas verificadas oficiales.

Medios cripto respetados (para contexto amplio):

- **CoinDesk** - Noticias cripto con editorial seria.
- **Cointelegraph** - Cobertura amplia del ecosistema cripto.
- **The Block** - Análisis más técnico e investigación.

Úsalos para entender movimientos generales del mercado cripto, no solo XRP.

Comunidad educativa (con precaución):

- **r/Ripple en Reddit** - Comunidad activa. Tiene buenos análisis mezclados con hype. Filtra cuidadosamente.
- **Foros oficiales de XRPL** - Para discusiones técnicas sobre el ledger.

Cómo consumir información con criterio:

Pregunta siempre: ¿Cuál es la fuente original? Si un tweet dice "se rumorea que", no es fuente. Si cita anuncio oficial de empresa verificable, es fuente.

Desconfía de urgencia. "Última oportunidad", "actúa ahora o te arrepentirás", "información exclusiva" son señales de manipulación, no de información valiosa.

Ignora predicciones de precio. No importa quién las haga. Nadie puede predecir precios futuros de forma consistente. Quien dice que sí está vendiendo algo o buscando atención.

Busca confirmación cruzada. Una noticia importante aparecerá en múltiples fuentes respetadas. Si solo la ves en un lugar dudoso, probablemente no es real.

Prioriza análisis sobre opinión. "XRP procesó X millones en transacciones ODL este trimestre" (análisis verificable) vs "XRP es el mejor activo del mundo" (opinión sin sustancia).

Tu dieta informativa determina tu salud mental como inversor. Consume información nutritiva. Evita la comida basura especulativa.

UNA VISIÓN REALISTA DEL FUTURO

Estamos en un momento fascinante de transición en sistemas financieros globales.

La tecnología blockchain, independientemente de qué cadenas específicas prosperen, ha demostrado que podemos mover valor digitalmente con propiedades que el sistema tradicional no puede replicar: irreversibilidad, transparencia programable, velocidad, costes reducidos.

Los gobiernos lo saben. Las instituciones lo saben. Por eso estamos viendo exploración de CBDCs, pilotajes de blockchain corporativa, integración progresiva de activos digitales en finanzas tradicionales.

XRP y Ripple están posicionados interesantemente en esta transición. No son los únicos jugadores, pero son jugadores relevantes.

¿Significa esto que XRP inevitablemente se apreciará 100x? No.

¿Significa que Ripple dominará todos los sistemas de pago global? No.

¿Significa que tu inversión está garantizada de generar retornos extraordinarios? Absolutamente no.

Significa que existe un caso plausible donde XRP encuentra utilidad real creciente en un sistema financiero evolucionando. Y esa utilidad, si se materializa, podría reflejarse en precio.

También existe caso plausible donde tecnologías competidoras resuelven estos problemas mejor. Donde regulaciones limitan XRP específicamente. Donde la adopción institucional simplemente nunca llega a escala significativa.

Ambos futuros son posibles. Cualquier punto intermedio es posible.

Por eso invertiste con capital de riesgo. Por eso tienes plan de salida. Por eso diversificas tu patrimonio más allá de solo cripto.

Pero aquí está la reflexión más importante:

La mayor ganancia de este proceso no es necesariamente el dinero.

La mayor ganancia es la tranquilidad que da entender completamente lo que estás haciendo.

Hay personas con portfolios 10x más grandes que el tuyo viviendo en ansiedad constante porque no entienden qué compraron ni por qué. Revisan precio obsesivamente. Toman decisiones impulsivas. Pierden sueño.

Tú, independientemente del tamaño de tu inversión, tienes algo más valioso: **claridad.**

Sabes qué compraste. Sabes cómo protegerlo. Sabes por qué lo mantienes. Sabes cuándo considerarías vender. Sabes qué esperas lograr.

Esa claridad te permite vivir tu vida normalmente mientras tu inversión hace su trabajo en segundo plano.

Puedes enfocarte en tu carrera, tus relaciones, tus pasiones, tu crecimiento personal. No necesitas estar pegado a gráficos de precios. No necesitas validación constante de comunidades online. No necesitas que XRP defina tu estado emocional diario.

Si en 5 años XRP te genera retorno significativo que mejora tu vida, extraordinario. Ejecutarás tu plan de salida con disciplina y disfrutarás esos beneficios.

Si en 5 años XRP te genera pérdida o retorno modesto, también está bien. Asumiste riesgo conscientemente con capital apropiado. Aprendiste enormemente en el proceso. La vida continúa.

En cualquier escenario, habrás sido un inversor responsable que hizo todo correctamente dentro de su control.

Eso es lo que realmente importa.

LLAMADA A LA ACCIÓN Y CIERRE

Si este libro te ayudó a transformar miedo en claridad, confusión en estrategia, parálisis en acción informada, te pido dos cosas:

Primero, deja una reseña honesta. No necesariamente perfecta o efusiva. Honesta. Si hay partes que te ayudaron especialmente, menciónalo. Si encontraste áreas donde el libro podría mejorar, compártelo. Las reseñas honestas ayudan a otros principiantes a decidir si este libro es para ellos.

Segundo, comparte este conocimiento responsablemente. Si conoces a alguien paralizado por el mismo miedo que tú tenías, puedes recomendarle este libro. Pero nunca lo presentes como "cómo hacerse rico con XRP". Preséntalo como "cómo entender y proteger tu inversión en XRP sin miedo".

Más allá de eso, no necesitas ser evangelista. No necesitas